UNESCO 세계문화유산

조선왕릉
태강릉 보존을 위한
365일 기록

박환희 지음

주말뿐만 아니라
평일에도
수많은 시민들이
휴식과 산책, 운동을 위해
도시 숲인 태릉 숲을 찾는다.

평온하고 여유 있어 보이는
그들의 모습에서
이 숲이 얼마나
소중한 존재인지 느껴진다.
태릉 숲은 이미 수많은 시민들의
심신을 안정시켜 주는
힐링 명소가 되었다.

하지만, 무질서한 도시개발과
시민의 건강한 생활환경을 확보하겠다고
오랜 세월 보존해 온 태릉 숲이
지금 그 가치를 부정당하고 있다.

보존 가치의 의도와
정면으로 상충되는
주거지 개발 목적으로
훼손당할 위기에 놓인 것에
분노와 허탈감마저 느껴진다.

태릉 숲 보존은
역사, 문화, 생태 등
모든 면에 있어서
큰 의미가 있는 만큼
존중받아 마땅하다.

태릉 숲,
그 보존의 의미가
추호도 훼손되지 않도록
서울 시민 모두가
응원,
또 응원,
또 또 응원해야 한다.

유네스코 세계문화유산으로 등재된 조선왕릉 태강릉 및 완충구역인 연지 (습지) 보존을 위한 기록은 여러 의미를 담고 있다. 가장 먼저 서울특별시 의원으로 뽑아주신 지역 주민께 선거기간 했던 약속을 지난 1년 동안 잊지 않고 실천하고 있다는 것을 보여드리고자 했다.

태강릉의 역사적·문화적 가치를 지키고 이 지역을 보호해 초대형 자연숲 생태공원으로 가꾸어 주민들에게 돌려드리겠다는 생각은 오랜 개인적인 꿈인 동시에 매일 얼굴을 마주하는 지역 주민들의 간절한 바람임을 너무 잘 알고 있기에 절대 소홀히 할 수 없는 숙명적인 과제였다. 이 기록을 통해서 여전히 가야 할 길이 멀지만 오로지 주민만 바라보고 태강릉을 지켜내겠다는 의지를 다져나갈 생각이다.

그리고, 태강릉 보존은 서울특별시의원으로서 의정활동의 시작을 알린 중요한 의미가 있다. 제11대 서울특별시의원으로 임기를 시작하자마자 지역주민과 시민 3,000명의 서명을 받아 '태릉 골프장 일대 공공주택지구 지정 반대 청원'을 제11대 서울특별시의회 제1호 청원으로 접수했고, 이 청원은 서울 특별시의회에서 채택되어 국토교통부와 서울특별시를 포함해 관계기관에 전달 되어 관주도의 일방적인 정책추진에 일대 변화를 가져오게 되었다. 시의원 으로서 해야 할 역할과 기능이 너무 많지만 주민 3,000명의 서명을 받은 청원 접수를 첫 의정활동의 성과로 자랑스럽게 내세울 수 있는 것은 앞으로도 오직 주민들께서 원하는 일을 주민들과 함께 하겠다는 의정활동의 방향을 결정한 계기가 되었다.

또한 태릉골프장 개발부지에 있는 연지(습지)는 람사르습지와 같은 동식물의 보고이면서 태강릉 원형보존에 중요한 완충역할을 하고 있어 택지개발계획은 반드시 철회되어야 하며, 주민의 바램처럼 세계유산을 품은 생태공원이 조성될 필요가 있다.

태강릉이 유네스코 세계문화유산으로 등재될 수 있었던 중요한 이유 가운데 하나는 다른 많은 나라들에 존재하는 왕의 무덤과 달리 자연과의 조화와 합일을 추구하고자 하는 탁월한 보편적 가치(OUV)에 충실했기 때문이다. 문정왕후와 명종이 잠드신 태강릉은 주변 불암산과 연지를 포함해 죽어서도 나라의 태평과 백성의 편안함을 염원했던 풍수원리에 기반한 숭고한 정신이 깃들어 있는 곳이다. 대규모 아파트 건설을 추진해 이런 소중한 원리가 훼손되게 둘 수 없다.

김포장릉과 독일 엘베계곡 사례를 통해 우리는 이런 실수를 다시 반복하지 않을 교훈을 얻어야 하고 혹시 세계문화유산으로서의 가치를 상실해 등재 취소로 이어지지 않도록 다같이 노력해야 한다.

목 차

제 **1** 장

그린벨트 태릉일대에
공공주택이 웬 말이냐?

제1장 그린벨트 태릉일대에 공공주택이 웬 말이냐?

1. 태릉 그린벨트지역에 아파트?

1) 주민 반발에도.. 하반기 지구지정 추진

공공주택 6,800가구가 조성될 서울 노원구 태릉골프장 공공주택지구 예정지 전경

　국토교통부는 주민 반발이 여전한 서울 태릉골프장 주택공급사업을 새 정부 들어서도 속도감 있게 추진키로 했다. 우선 올 하반기 공공주택지구 지정을 목표로 잡은 가운데 오는 8월 새 정부의 250만 가구 주택공급 로드맵이 나오면 세부 사업계획이 조정될 전망이다.

　19일 국토교통부 및 한국토지주택공사(LH)에 따르면 지난 17일 서울 노원구 제이더블유컨벤션웨딩홀에서 '서울태릉 공공주택지구 전략환경영향평가서 초안 공청회'가 열렸다. 공청회는 주민 요청에 의해 마련됐다.

이날 공청회에서 주민들은 "태릉골프장 부지 주변은 문화유산이 있고 맹 꽁이 등 천연기념물이 있다"며 개발 반대 목소리를 높였다. 반대 주민들은 태릉골프장이 생태자연도(자연환경을 생태적 가치, 자연성, 경관적 가치 등에 따라 등급화한 지도)상 보호 가치가 높은 1급지로 주장하고 있다. 반 면, LH는 3급지라는 입장이다.

앞서 국토부는 2020년 8·4 대책을 통해 태릉골프장에 1만 가구 주택 공급을 계획했지만 교통 대책 등 주민 반발에 부딪혀 6,800가구로 계획을 축소한 상태다. 여기다 인접한 태릉과 강릉 경관 훼손 여부에 대한 유네 스코 세계문화유산영향평가 용역도 진행 중이다. 또 지난 3월 열린 주민 설명회에서도 주민들은 맹꽁이 등 법정보호종 위협 문제를 제기했다.

그러나, 국토부는 주택 공급을 위해 올 하반기 태릉골프장 공공주택지구 지정을 추진하겠다는 계획이다. 공청회에서 나온 주민 요구를 반영해 전략 환경영향평가서 초안에 대한 보완을 거쳐 본안을 작성한 뒤 환경부 등 관 계 부처와 협의를 거칠 예정이다. 환경부 승인을 받는 대로 국토부 중앙 도시계획위원회 심의를 거쳐 지구 지정을 완료할 방침이다. 다만, 당초 목 표인 2023년 하반기 지구계획 승인, 2025년 상반기 착공, 2027년 준공 은 다소 순연될 것으로 보인다.

태릉골프장 사업은 주민 반발로 지구 지정이 연기됐지만 앞으로 단계별 로 사업 절차를 밟을 전망이다. 국토부는 현재 6,800가구 공급 규모는 지 자체 및 주민 의견 수렴을 거쳐 지구계획 승인 단계에서 최종 결정할 방 침이다. 국토부 관계자는 "(전 정권의) 기존 사업지구도 전체 주택공급 로 드맵 안에서 활용된다"며 "오는 8월 주택공급로드맵이 나오면 이에 맞춰 세부적인 사업 계획을 조정할 것"이라고 말했다. 전문가들은 새 정부 부동산 정책에서 태릉골프장 부지를 중요한 입지로 꼽고 있다. 부지 규모가 약 87만㎡로 과거 8·4대책에서 발표된 서울 52개 택지 중 가장 크기 때문이다. 서울 수서역세권 지구(38만㎡, 2531가구)의 2.5배 가량이다. 또 대부분 지역이 주민 소유가 아닌 국공유지이기 때문에 토지 보상 절차 없이 빠른 주택 공급이 가능하다.

2) 그린벨트를 지켜야 하는 이유

[생태 보전] 그린벨트가 뭐길래 난리가 났을까요?

그린벨트. 과연 '개발유보지'일까요?
그린벨트를 해제하고 주택 공급하면 폭등한 부동산 가격을 내릴 수 있을까요?

최근 몇 주 사이에 그린벨트가 사회 이슈로 급부상했습니다.
코로나19, 기후 위기로 인한 폭염, 미세먼지 등 전례 없는 환경 위기 시대에 '그린벨트 해제' 무엇이 문제인지 짚어보았습니다.

청와대(20일) : 그린벨트는 미래 세대를 위해 계속 보존해야…
태릉골프장 부지로 주택 공급을…

김수나 활동가 : 똑똑~!! 태릉골프장도 그린벨트입니다만…!!

그린벨트≠개발유보지
그린벨트=개발제한구역

"도시의 무질서한 확산 방지와
도시의 자연환경 보전 따위를 위하여
도시 개발을 제한하도록 지정한 구역"

(출처: 표준국어대사전)

개발제한구역은 도시 주변에 띠(belt)처럼 구역을 지정하여 개발행위를 엄격히 제한함으로써 도시의 무질서한 확산을 방지도시계획 교과서에 쓰인 그린벨트의 기능과 필요성 다음과 같습니다.

첫째. 기성시가지가 무분별하게 확장하는 것을 방지합니다.
- 대도시의 외곽은 항상 도심으로부터의 개발압력에 시달리게 되고 적절한 보호 장치가 없으면 계속해서 도시가 확장하게 됩니다. 이에 따라 도시인프라에 대한 부담이 커지고 통제가 불가능하게 되므로 이를 방지하기 위해 그린벨트라는 장치를 마련한 것입니다.

둘째. 도시들이 서로 붙어서 거대도시가 되는 것을 방지합니다

셋째. 대도시 주변의 농촌지역이 침식당하는 것을 방지합니다
- 도시에 신선한 공기를 제공하는 허파로서의 기능과 '오픈스페이스'를 제공하여 휴식을 취할 수 있도록 하는데 그린벨트가 꼭 필요함.

넷째. 그린벨트가 도시의 팽창을 억제해 그 도시 고유의 특징을 보전할 수 있도록 합니다.

마지막. 도시 내부 노후지역의 재생을 촉진하도록 합니다.

청와대, 국토교통부 : 집이 부족한데~ 저기 놀고(?) 있는 땅이 있네?
시민 : 뭐라고?
전통적으로 정부는 부동산 대책으로 그린벨트를 허물어 공급량을 늘리는 정책을 추진해왔습니다.

1971년 도입된 그린벨트 제도는 8차례에 걸쳐 전국 14개 도시권에 전국토의 5.4%에 해당하는 5,397㎢가 지정되었습니다. 그 후 1997년 7월까지 한국의 개발제한구역제도는 한번의 변경 없이 원안 그

대로 유지되어왔습니다. 하지만, 1997년 대통령 선거에서 당선된 김대중 후보는 그린벨트 해제 공약을 내걸었습니다. 이 공약에 따라 김대중 정부는 집권 이후인 1998년 각계 전문가들로 '개발제한구역 제도개선협의회'를 구성하여 이듬해에 7개 중소도시권에 설정되었던 개발제한구역은 전면 해제, 7개 광역도시권은 부분 해제하였습니다. 해제된 지역은 보금자리주택 건설, 산업단지 조성, 관광단지 개발 등 국책사업용지로 전환되어 다양한 개발이 이뤄졌습니다.

시민 : 1·2인 가구가 늘어나 집이 부족한데, 그린벨트 풀고 주택 공급 하면 좋지 않을까요?

2012년 이명박 정부 때 서초구와 강남구의 그린벨트를 해제하여 반값 아파트를 공급하겠다고 했지만, 결국 주변 아파트 시세와 같아져 무주택 가구에겐 꿈도 꿀 수 없는 곳이 되었습니다.

그린벨트를 지켜야 하는 3가지 이유! 첫 번째

미세먼지! 나무 1그루는 연간 미세먼지는 35.7g를 흡수합니다.
기후위기로 인한 폭염 대응! 플라타너스 1그루는 에어컨 5대를 5시간 가동하는 효과를 냅니다.
여름철 홍수 대비! 숲 토양이 도심지의 토양보다 투수기능이 월등하다고 합니다. 이렇게 도시 녹지의 중요성은 더 커졌습니다. 시민들에게 산과 공원은 휴식을 주는 필수 그린인프라인 거죠.

그린벨트를 지켜야 하는 3가지 이유! 두 번째

건강한 도시는 바람길, 공기 정화, 홍수 피해 예방 등을 위해 도시숲, 도시공원이 충분히 있어야 합니다. 그린벨트의 숲도 이 역할을 합니다.
여름 한낮 기준으로 나무 그늘의 평균온도는 도심지에 비해 3~7℃ 낮습니다. 또 대표적인 온실가스인 이산화탄소를 나무 1그루가 연간 2.5톤 흡수하고, 산소를 1.8톤 방출합니다.

그린벨트를 지켜야 하는 3가지 이유! 세 번째

그린벨트는 도시의 무질서한 확산을 방지하는 마지막 보루입니다.
그린벨트 해제를 할 게 아니라 지역을 고르게 발전시키기 위한 정책이 필요합니다.

시민: 사라지는 그린벨트, 더 이상은 안 돼요.

7월 14일, 정부는 그린뉴딜로 도시생태축 복원을 위해 도시숲을 6㎢ 늘린다고 밝혔지만, 이미 수도권 그린벨트 해제 허용 총량보다 27.8㎢ 더 해제되었습니다. (2019년 19월 기준)

시민: 사라지는 그린벨트, 더 이상은 안 돼요.

구분	계(㎢)	수도권	부산권	대구권	대전권	광주권	울산권	창원권	중소도시권
해제	1,560	164	184	21	17	40	14	17	1,103

개발제한구역 누적 해제 현황(2020. 03. 10.)

도시숲, 도시공원, 그린벨트는
"개발유보지"가 아닙니다.
지속가능한 도시를 위해
"최소한"으로 계획된 공간임을
정부는 잊지 말아야 합니다.

2. 국토교통부의 태릉CC 개발과정의 문제점

1) 거센 저항에 부딪친 태릉 공공주택지구 지정계획

문화재청 협의 과정 '복병'…김포장릉 영향 탓 예상보다 시간 걸려
계획 상 2달 내 지구지정 끝마쳐야…국토부도 "순연될 것으로 보여"

공공주택지구 지정이 순연될 전망인 태릉골프장

　서울시 노원구 태릉골프장(CC) 지구 지정이 올해를 넘길 전망이다.
　아직 전략환경영향평가 본안이 작성되지 않았기 때문인데, 현재 관계기
관과 협의 과정에서 일정이 다소 미뤄지고 있는 것으로 전해진다. 국토부
는 전략환경영향평가 본안 작성을 마치고 가급적 계획대로 추진은 하겠다
는 입장이지만, 올해 하반기 내 지구지정 일정은 순연될 것으로 내다보고
있다.

23일 국토교통부와 부동산 업계에 따르면 태릉CC 전략환경영향평가 본안이 아직 작성 중에 있다. 전략환경영향평가 본안이 작성되고 환경부 승인을 득해야 지구지정의 최종 단계인 중앙도시계획위원회의 심의를 거칠 수 있다.

현재 본안 작성을 위해 관계기관과 협의를 거치고 있는데, 여기서 시간이 지연되고 있다. 복병이 되고 있는 것은 문화재청과의 협의 부분이다. 태릉CC 부지는 조선왕릉인 태릉 인근에 위치해 있어 본안 작성 과정에서 국토부는 문화재청에 자연경관 훼손 등을 놓고 검토를 요청한 상황인데 진척이 느리다는 것이다.

김포 장릉 논란이 있었던 만큼 면밀한 본안 검토가 진행 중인 것 같다는 게 국토부의 설명이다. 문화재청과의 협의는 이제 막 시작한 단계로, 빨라도 10~11월은 돼야 갈피가 잡힐 것으로 보인다. 이후 바로 환경부 심의 과정을 거친다고 해도 한달 가량이 소요된다. 환경부는 신청일로부터 공휴일 등을 제외한 30일 이내 심의를 하게 돼 있다. 만약 환경부가 반려 결정을 하면 보완 단계를 거쳐야 해 수개월 길게는 1년 이상 소요될 가능성이 크다.

앞서 제주 제2공항과 새만금신공항 전략환경영향평가도 반려된 바 있다. 제주 제2공항은 보완 용역이 진행 중이고, 새만금신공항의 경우 지난해 9월 본안을 제출한 뒤 6개월 만인 올해 3월 조건부 동의를 얻어냈다.

환경부 관계자는 "한번에 통과하는 경우도 없는 것은 아니"라면서도 "하지만 만약 반려가 결정되면 수개월 이상이 소요될 가능성이 크다."고 말했다. 환경부 승인을 받은 후에는 중앙도시계획위원회의 심의도 거쳐야 한다. 이 과정이 모두 완료돼야 지구지정이 가능하다. 당초 계획한 올해 상반기 지구지정까지는 두 달 여의 기간이 남았다.

국토부는 빠듯한 일정상 지구지정 계획이 순연될 것으로 내다보고 있다. 올해 하반기에는 지구지정을 완료한다는 계획은 사실상 불가능하다는 의미다. 만약 이번에도 지구 지정이 늦어지면 총 네 차례에 걸쳐 일정이 지연되는 셈이다. 국토부 관계자는 "현재 올 하반기 지구 지정 일정은 다소 빠듯한 상황"이라며 "아마도 순연이 이뤄질 것 같다"고 말했다.

업계에서는 태릉CC의 지구지정이 순탄치 않을 것으로 전망하는 시각도 있다. 계획의 전면 철회를 요구하는 목소리가 여전하기 때문이다. 서울시의회 6개 상임위원장단은 태릉CC 개발계획에 반대 입장을 밝혔고, 시민단체들도 '문화재와 멸종위기종 보호'를 이유로 거센 반발을 하고 있다. 부동산 업계 한 관계자는 "지역의 반대가 너무 거세다"며 "반대의 이유도 문화재와 환경인 만큼 문화재청과 환경부도 부담이 되지 않을까 생각된다. 빠르게 통과되긴 어려울 것으로 보여진다"고 말했다.

2) 전략환경영향평가 공청회의 문제점

박환희 의원은 2년째 서울 태릉 공공주택지구 지정에 대해 적극적으로 반대 의사를 표명해 왔다. 그 노력의 일환으로 지난 7월 4일 11대 서울시의회 제1호 청원으로 '서울태릉골프장 일대 공공주택지구 지정 반대 청원서'를 접수하였다.

① 2차 공청회

박환희 서울시의원은 7월 11일 오후 2시 서울 노원구 화랑로 325 제이더블유컨벤션웨딩홀 제6층에서 열린 '서울태릉 공공주택지구 전략환경영향평가서 초안 2차 공청회'에 참석해 공공주택지구 지정계획 철회를 요구하는 주민들의 목소리에 힘을 보탰다.

공청회는 환경영향평가법 제13조에 따라 국토교통부(공공택지기획과),

한국토지주택공사(사업영향평가처) 주관으로 개최되었다. 한편, 제1차 공청회는 6. 17(금) 개최되었으나, 아파트 개발에 대한 주민들의 강한 반대로 무산된 바 있다.

오경두 한국풍수명리철학회 부회장은 "국토교통부와 LH는 지난 2월 18일 환경부 협의를 위해 서울태릉 공공주택지구 전략환경영향평가서 초안을 환경부에 제출하면서 미분류지인 태릉골프장 98.5%를 개발가능한 생태자연도 3등급지로 허위 분류하여 개발을 강행하고 있다"면서 "미분류지인 태릉골프장을 제대로 조사하여 생태자연도 등급을 제대로 받아서 사업의 문제점을 파악하고 대책을 세우는 것이 환경영향평가법의 취지이다"라고 강조하면서 막무가내식으로 추진시 국토교통부와 LH를 허위공문서 작성죄 및 허위작성된 공문서 행사죄로 형사고발할 예정이라고 밝혔다.

박환희 의원은 "역사적으로 정조때 발행된 「춘관통고」에도 언급된 연지는 약 500년 동안 보존되었다는 점에서 소중한 문화유산이 포함되었을 가능성이 높다."며 향후 연지에 대한 문화재청 차원의 조사와 발굴이 필요하다고 주장하였다.

또한 "세계문화유산위원회는 조선왕릉이 가진 유교적, 풍수적 전통을 근간으로 한 건축과 조경양식의 가치를 인정하여 세계문화유산으로 지정하였다."며 향후 태릉CC 일대가 대규모 아파트단지로 개발된다면, 세계문화유산 등재가 취소되는 안타까운 사태가 생길 수 있다고 하였다.

② **3차 공청회**

박환희 서울시의원은 7월 21일 오후 2시 서울 노원구 화랑로 325 제이더블유컨벤션웨딩홀 제6층에서 열린 '서울태릉 공공주택지구 전략환경영향평가서 초안 공청회'에 참석해 공공주택지구 지정계획에 대해 문화재보호,

환경보호 등의 이유로 사업 불가 방침을 다시 한 번 천명하였다.

이날 공청회는 지난 2차 공청회에서 미처 다루지 못한 쟁점에 대해 추가로 공청회를 개최하는 것으로 약속됨에 따라 개최되었다. 한편, 제1차 공청회는 6.17(금), 2차 공청회는 7.11(월) 개최되었으나, 국토교통부의 일방통행식 사업추진에 대한 주민들의 강한 반발로 무산된 바 있다.

공청회에서 오경두 한국풍수명리철학회 부회장은 "국토교통부가 서울태릉 일대 대규모 아파트 개발을 위해 국립생태원을 동원하여 문화재 주변 보호구역인 연지(蓮池)를 개발가능한 3등급지로 둔갑을 시키는 야바위(속임수)를 쓴 것으로 확인되었다."고 주장하면서 생태자연도의 허위작성 및 활용에 관련된 국토교통부, LH, 국립생태원에 대해 형사고발과 함께 공무원의 위법한 직무행위에 대해 감사원 감사도 요청할 것이라고 하였다.

한편, 국토교통부와 LH는 지난 2월 18일 환경부 협의를 위해 서울태릉 공공주택지구 전략환경영향평가서 초안을 환경부에 제출하면서 미분류지인 태릉골프장 98.5%를 개발가능한 생태자연도 3등급지로 허위 분류하여 사업추진을 강행한 바 있다.

박환희 의원은 "유교적, 풍수적 전통을 근간으로 한 건축과 조경양식의 가치가 인정되어 세계문화유산으로 지정된 조선왕릉이 세계문화유산 등재가 취소된 독일의 드레스덴 엘베계곡과 같은 전철을 밟을 수 있다."며, 세계문화유산 보존 및 훼손방지를 위한 세계유산영향평가의 법적 근거를 마련하고, 관련 연구를 신속하게 추진하는 등 문화재청과 유네스코의 적극적인 역할이 필요한 시점이라고 주장하였다.

3) 국토교통부 관계자 고발

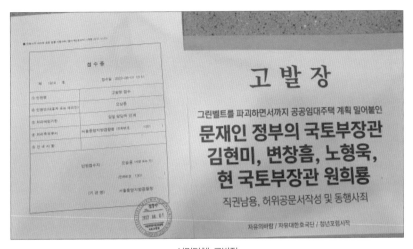

시민단체 고발장

자유대한호국단 등 시민단체가 2022년 8월 1일 서울시 노원구 공릉동 태릉골프장(CC) 일대의 공공주택지구 사업과 관련 전현직 국토교통부 장관을 검찰에 고발했다.

구체적으로 자유의바람, 자유대한호국단, 청년포럼시작 등 단체는 이날 서울태릉공공주택지구사업 관련자 20여 명을 직권 남용, 허위공문서 작성 및 동행사죄 혐의로 서울중앙지검에 고발장을 접수했다. 피고발인에는 김현미, 변창흠, 노형욱 등 전 국토부장관과 원희룡 현 장관 등 4명이 포함됐다.

오상종 자유대한호국단 대표는 "2020년 10월 당시 한국토지주택공사(LH) 사장이었던 변창흠은 환경부 생태자연도 등급분류를 한 적이 없는 태릉골프장 일대 98.5%의 사업부지를 개발의 대상인 3등급지로 둔갑시켜 허위로 작성한 서울태릉공공주택지구 지정 제안서를 국토교통부에 제출했다"며 "당시 국토교통부장관이었던 김현미는 허위로 작성된 지구지정 제안서를 승인했다"고 주장했다.

노형욱 전 장관은 올해 2월 허위로 작성된 전략환경영향평가서 초안을 환경부에 접수해 태릉골프장 개발을 강행했으며, 윤석열 정부 들어 임명된 원희룡 장관 역시 개발사업을 강력하게 추진하고 있다는 것이 이들 단체의 지적이다.

오대표는 "올해 3월에도 국토교통부와 LH는 전략환경영향평가서 초안 주민설명회에서 사업지구의 98.5%를 차지하는 생태자연도 미분류지를 개발의 대상인 3등급지로 허위로 작성했다. (개발 예정 지역은) 생태자연도 등급을 정식으로 분류하면 보전과 복원의 대상인 1등급 권역"이라고 덧붙였다.

2022년 8월 25일 「환경영향평가법」제13조 및 같은 법 시행령 제19조의 규정에 따라 국토교통부 장관이 서울 태릉 공공주택지구 전략환경영향평가서 초안에 대한 주민 등의 의견수렴 결과 및 반영 여부를 공개하였다.

3. 태릉개발 반대 활동

1) 태릉 역사문화안보생태 특구지정 범시민 운동

태릉역사문화안보생태특구

태릉역사문화안보생태특구지정
범시민운동

태릉의 문화재와 자연의 가치를
소중하게 생각하고 지킵니다

📷 네이버카페 **태릉역사문화안보생태**
https://cafe.naver.com/keeptaereunghistory

지정 범시민운동본부는
태릉의 문화재와 자연의 가치를
소중하게 생각하고 지킵니다.

태릉 일대에는
유네스코세계문화유산 태릉과 강릉,
태릉의 일부인 연지와 습지가 있는 태릉 그린벨트(태릉골프장 일대),
우리나라 육군 장교 교육기관인 대한민국 육군사관학교,
근대 문화유산 화랑대역,
시민들의 휴식처 옛 경춘선 철도인 경춘선 숲길공원,
아름드리 플라타너스 가로수가 우거진
걷고 싶은 거리 화랑로가 있습니다.
　이 지역에 있는 모든 것은 수백 년에서 수십 년 동안
함께 자리 잡으며 조화를 이루고 있습니다.
함께 있고, 오랜 기간 있었기 때문에
그 가치는 더욱더 상승되는 것입니다.
개발과 이전은 전통과 역사를 한순간에 무너뜨리고
망가지게 만드는 것입니다.

　무너뜨리는 건 한순간이지만
복구는 수백 년 아니, 불가능할 수도 있습니다.
지켜야 할 건 지켜야 하고 그곳에 있어야 할 건
그곳에 있어야 합니다.

　시민이 함께 지켜나갑니다.

※ 아 시 나 요 ?

태릉그린벨트(태릉골프장)엔 현재에도 습지가 있습니다.
아래 지도의 붉은 사각형 위치에 있습니다.

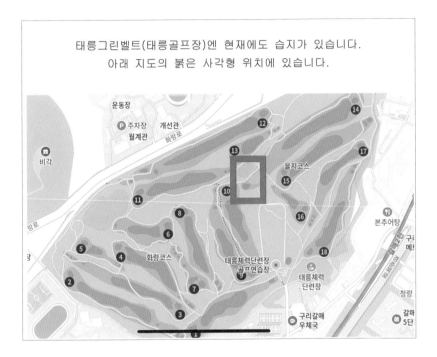

이 습지는
불암산 등지에서 삼육대 호수 등을 거쳐
흘러내리는 물이 자연스럽게 유입되는 곳으로
우리나라에서는 매우 보기 드문
천혜의 내륙습지입니다.

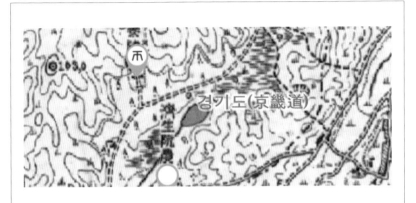

1910년대 지도에 태릉과 강릉이 표시되어 있고
달걀 모양의 연못인 연지가 보입니다.

연지 북동쪽으로 연지보다 10배 이상 넓은 습지가 있었고
남서쪽으로도 연지의 2배가 넘는 면적의 습지가 있었습니다.

한강하구 등을 제외하고는 서울에서 유일한
대규모 내륙습지로서 복원한다면
그 희소성과 가치가 매우 높다고 보입니다.

태릉 습지가 복원된다면 보기 드문 내륙습지로서의
생물지리학적 희소성과 원앙 등 물새의 서식지이며
맹꽁이 등 희귀동물이 서식하고 있어
람사르습지로 지정되고도 남을 곳이라고 생각합니다.

복원하면
생태공원속의 내륙습지로서
도심 속의 생태계 보고가 될 것입니다.

2) 조선왕릉, 세계유산 지위 지킬 수 있을까?

지난달 30일 인천 서구청이 대광이엔씨의 대광로제비앙(735세대)의 사용검사 확인증을 발급해주면서 '왕릉 뷰 아파트'입주가 초읽기에 들어갔다.

현재 문화재청은 지서'를 제출한 상태다. 18개 능역 중 김포 장릉, 서오릉, 태릉 권역 인근에서 진행 중인 주택 건설, 개발 추진 등 정보를 모두 담은 보고서다.

검단신도시 아파트가 입주 절차를 진행할 것으로 보이는 김포시 장릉

세계유산위원회는 문화유산 보전에 문제가 생겼다고 판단하면 '보전 의제'로 전체 회의에 올린다. 우리나라 세계유산으로는 처음 겪는 초유의 사태가 된다. 문화재청 관계자는 "사용검사 승인을 받았기 때문에 이 건은 논의는 될 것 같다"며 "앞서 다른 나라의 경우를 참고해 대응할 계획"이라고 밝혔다.

물론 세계유산 주변에 건물이 들어서고 사람이 살기 시작해 물릴 수 없게 된다고 즉시 '세계유산' 지위가 박탈되는 건 아니다. 우선 '보전 의제'로 회의에 오른 뒤 '문제가 있다'고 판단하면 ICOMOS 등 자문기구에서 전문가를 파견해 실사를 진행한다. 그 결과 '위험에 처해있다'고 증명되면 '위험에 처한 유산'으로 분류된다.

이후 정부가 보전 및 개선 노력을 하는지를 지켜보며 관리를 받는 과정을 거친다. 여러 보전 노력이 인정될 경우, '세계유산' 리스트에서 퇴출당하지 않고 '위험에 처한 유산' 지위를 유지하거나, 혹 보전 성과가 뚜렷하게 있을 경우 '위험에 처한 유산' 리스트에서 빠져나올 수도 있다.

현재 한국이 보여줄 수 있는 '보전 노력'은 지난해 건설사 측이 문화재청을 대상으로 서울행정법원에 제기한 공사중지명령 처분취소소송의 결과에 따라 달라진다. 지난 20일 변론을 마친 이 소송은 7월 8일 선고를 앞두고 있다.

4. 서울특별시의회 청원 1호 및 후속 조치

1) 서울특별시의회 청원 1호 및 성명 발표

박환희 서울시의원,
'노원구 공릉동 서울태릉골프장 일대
공공주택지구 지정 반대에 관한 청원'
11대 서울특별시의회 1호 청원 접수 ‼

- 장마철로 인한 어려운 환경임에도 약 3천명 서명 완료
- 청원 서명인 수의 의미는 국토교통부 공공주택지구 지정계획에
  대한 주민들의 강력한 반대 의지
- 박환희 의원, 국토교통부가 세계문화유산인 조선왕릉(태릉) 보전과
  멸종위기종을 보호하도록 주민들과 함께 할 것

☐ 서울특별시의회 박환희 의원(국민의힘, 노원2)은 7월 4일(월) '노원구
공릉동 서울태릉골프장 일대 공공주택지구 지정 반대에 관한 청원'을
11대 서울시의회 1호 청원으로 접수하였다.

☐ 최근 국토교통부는 노원구 공릉동 서울태릉골프장 일대에 대규모 아파
트 공급을 위하여 공공주택지구 지정을 강행하려는 움직임을 보이고
있으며, 공릉동 주민들은 국토교통부의 계획에 반대의사를 강력하게 표
현하면서 반발하고 있는 상황이다.

□ 이에, 박환희 시의원은 공릉동 주민들의 목소리를 듣기 위해 간담회를 개최하였으며, 주민들의 목소리를 반영하는 '서울 노원구 공릉동 태릉 골프장 일대 공공주택지구 지정 반대에 관한 청원'의 소개 의원 자격으로 공릉동 주민들과 청원을 진행하였다.

□ 한편, 서울 태릉골프장 일대 공공주택지구 지정 반대 의견을 국토교통부에 전달하기 위해 공릉동 주민들은 장마로 인하여 서명받기 어려운 환경임에도 약 3천 명이 서명을 완료하였다.

□ 해당 청원의 서명인 수인 약 3천 명이 가지는 의미는 국토교통부의 결정이 공릉동 주민들의 의견을 무시한 불합리하고 일방적인 탁상행정의 결과라고 인식하고 있으며, 국토교통부의 결정에 대한 주민들의 강력한 반대 의지를 보여주는 방증이라고 할 수 있다.

□ 박환희 시의원은 "조선왕릉인 태릉을 세계문화유산에서 탈락시킬 수도 있고, 맹꽁이, 황조롱이 등 법정보호종의 멸종을 초래할 수도 있는 아파트 공급계획을 시행하는 데 있어서 주민들의 의견을 반영하지 않는 것은 이해할 수 없는 일"이라고 주장하면서, "약 3천명의 청원 서명인 수는 국토교통부의 결정이 잘못되었음을 의미하는 공릉동 주민들의 목소리이다. 더 많은 분들이 서명을 하겠다고 하셨지만 접수 기한으로 인해 주민의 목소리를 더 반영하지 못한 것이 아쉬울 뿐"이라고 하였다.

□ 마지막으로, 박환희 시의원은 "공릉동 주민들의 목소리가 적극적으로 반영되어 국토교통부가 잘못된 결정을 하지 않도록 주민들과 끝까지 함께 할 것"이라고 주장했다.

제11대 서울특별시의회 제1호 주민청원서

노원구 공릉동 서울태릉골프장일대
공공주택 지구지정 반대청원

청 원 인: 조윤기 외 2906인

소개의원: 박환희의원(노원구 제2선거구)

청 원 요 지 서

2022. 7. 1

수　신 : 서울특별시의회의장

참　조 : 의사담당관

제　목 : (노원구 공릉동 서울태릉골프장 일대 공공주택지구 지정 반대)에 관한 청원

　위 청원을 지방자치법 제85조의 규정에 의거 따로 붙임과 같이
제출합니다.

붙　임 : 1. 청원서 1부
　　　　2. 청원소개의견서 1부
　　　　3. 청원관련 참고자료 1부. 끝.

ㅇ 청 원 인
　- 주　소 : 서울시 노원구 마들로31 106-1404

　- 성　명 : 조 윤 기
　　　　　　외 2,906명 (연서자 명부 따로붙임)

　- 연락처 : 010-3727-6326

ㅇ 소개의원 : 박 환 희

〈별지 제1호 서식〉

청 원 소 개 의 견 서

청 원 건 명		노원구 공릉동 서울태릉골프장 일대 공공주택지구 지정 반대 청원
청 원 인	주 소	서울시 노원구 마들로31 106-1404
	성 명	조 윤 기 (인)
소 개 의 원		박 환 희
소 개 년 월 일		2022. 7. 1

소 개 의 건

서울시 노원구 공릉동에 위치한 태릉골프장(태릉CC) 일대 공공주택지구 지정계획을 추진하면서 국토교통부와 LH공사는 세계문화유산을 관리하는 유네스코와 사전 협의를 거치지 않았습니다. 이로 인하여 김포 장릉의 경우처럼, 태릉 일대 경관 해손으로 태릉의 국제문화유산 등재가 취소될 경우, 국제적인 망신을 초래하게 될 것입니다.

국토교통부와 LH공사는 태릉CC 일대의 맹꽁이 등 멸종위기종에 대한 실태조사를 실시하지 아니한 채 개발가능지역인 '3등급지'로 분류하여 공공주택지구 지정을 강행하고 있습니다. 객관적인 실태조사와 함께 생태공원조성 계획이 추진될 필요가 있습니다.

태릉CC일대 공공주택지구가 지정되고, 대규모 아파트가 신축될 경우, 공릉동 일대에 심각한 교통정체가 발생할 것입니다. 심각한 교통정체로 인한 대기오염과 미세먼지로 인하여 주민들의 생활불편이 예상됩니다.

이에 노원구 태릉골프장 일대의 공릉동 주민들은 국토교통부의 공공주택지구 지정계획의 철회를 요구하는 서명을 진행하였습니다. 미래세대에 물려주어야 할 세계문화유산인 조선왕릉과 생태보존자원을 지키려는 공릉동 주민들의 의도가 반영될 수 있도록 적극적인 관심과 노력을 부탁드립니다.

〈별지 제3호서식〉

(노원구 공릉동 서울 태릉골프장 일대
공공주택 지구 지정 반대)청원 서명날인부

연번	성 명	주　　　　　　소	날 인	비 고
	최건식	경기 양평 양서1면 42-1 현대1빌 31		
	이강인	서울시 성북구 동암동 413-14		
	전효진	서울 서래문구 가재토 미래2그 104-702호		
		대전시 중구 뉴천1동 148		
	권인순	충남 논산군 난원면 효해니		
	허홍순	충북 보은군 산외 반		
	곽나은	충북 충주시 주력동 선건대원		
	이큰민	서울시 광진구 자양동		
	전혜지	서울시 서초구 서초3동 1-2		
		서울시 서초구 빌딸로 서신		
	김민주	서울시 광진구 라양동 141-1		
	심여희	서울시 서래문구 가재토 미래2그 104-2동	심여희
	김지혜	경기도 안양시 만안구 소곡로 78	지혜
	진분태	충북 옥천군 군북면 대전리	Kim비
	손인철	서울 서래구 양제2동 12	손인철
	구자인	서울 영등포구 대방천로 180	구자인
	박현주	서울 서초구 산 새동	박현주
	서대진	서울시 강남구 개포로 10길 9	서대진
	김경자	서울시 강남구 개포로 10길 9	김경자

접수번호	1	접수연월일	2022. 7. 1
청 원 인	**주 소** 서울특별시 노원구 마들로		
	성 명 조윤기 외 2,906명		
소개의원	박환희	소속위원회	운영, 행정자치
건 명	노원구 공릉동 서울태릉골프장 일대 공공주택지구 지정 반대에 관한 청원		
소관위원회	주택균형개발		

○ 국토교통부와 LH공사는 세계문화유산을 관리하는 유네스코와 사전 협의를 거치지 않고, 노원구 공릉동에 위치한 태릉골프장(태릉CC) 일대 공공주택지구 지정계획을 추진하였고. 이로 인해 태릉 일대 경관이 훼손되어 태릉의 국제문화유산 등재가 취소될 소지가 있으며, 국제적인 망신 초래 우려

국토교통부와 LH공사는 태릉CC 일대의 맹꽁이 등 멸종위기종에 대한 실태조사를 실시하지 아니한 채 개발가능지역인 '3등급지'로 분류하여 공공주택지구 지정을 강행하였던바, 객관적인 실태조사와 함께 생태공원 조성 계획 추진이 필요.

또한, 공공주택지구 지정으로 대규모 아파트가 신축될 경우, 공릉동 일대에 심각한 교통정체 발생 등 대기오염과 미세먼지로 주민들의 생활 불편도 예상됨. 이에 공릉동 주민들은 국토교통부의 노원구 태릉골프장 일대 공공주택지구 지정계획의 철회를 요구하는 청원임.

청 원 서

제목 : (노원구 공릉동 서울태릉골프장 일대 공공주택지구 지정 반대)에
관한 청원

서울시 노원구 공릉동에 위치한 서울태릉골프장(태릉CC) 일대 공공주택
지구 지정 계획에 대한 공릉동 주민들의 의견입니다.

1. 서울시는 공릉동 주민들의 동의없이 추진되고 있는 공공주택지구 지정
계획이 전면 철회되고, 생태공원조성 계획으로 변경될 수 있도록 국토교
통부에 적극적으로 건의해 줄 것을 요청합니다.

2. 유네스코와 사전협의 등의 절차가 무시된 채 추진되고 있는 태릉CC지
역 공공주택지구 지정계획은 반드시 철회되어야 할 것입니다.
　태릉CC지역은 유네스코가 지정한 세계문화유산인 조선왕릉(태릉, 강릉)
이 있는 곳으로, 만약, 유네스코와 협의 없이 공공주택지구 지정 및 대규
모 아파트가 건축될 경우, 주위경관이 심각하게 훼손되어 세계문화유산
지정이 취소될 가능성이 농후합니다.
　실제, 인천검단 신도시아파트 신축의 경우, 세계문화유산인 김포 장릉의
경관을 훼손하여 세계문화유산 소관 부서인 문화재청이 긴급하게 동 사업
을 중단시킨바 있습니다.

3. 생태공원조성계획을 희망하는 주민 및 서울시의 의견이 무시된 채 일
방적으로 추진되고 있는 공공주택지구 지정계획은 철회되어야 할 것입니다.
태릉CC일대에는 맹꽁이, 황조롱이 등 법정보호종이 서식하고 있는 보호가
치가 큰 생태자연지역입니다. 그러나, 국토교통부와 LH는 '자연환경보전
법' 제34조에서 규정하고 있는 생태·자연도에 대한 정확한 실태조사를
추진하지 아니한 채 일방적으로 태릉CC 일대를 개발 가능지역(3등급지)으
로 분류하였습니다. 향후, 태릉CC 일대에 대한 객관적이고 정확한 실태조
사를 통하여 멸종위기종에 대한 현황을 파악하여 보호하기 위한 생태공원조
성계획이 수립되어야 할 것입니다:

4. 공릉동의 심각한 교통정체를 미연에 방지하기 위하여 태릉CC 일대 공공주택지구 지정계획은 반드시 철회되어야 할 것입니다.

현재도 정체가 심한 구간(화랑로~석계역)에 인접한 태릉CC 일대에 공공주택지구 지정에 이은 대규모 아파트가 신축될 경우, 극심한 교통정체와 매연 발생 등의 시민 불편이 예상됩니다. 그럼에도 국토교통부와 LH는 대규모 아파트 신축에 따른 심각한 교통 정체에 대해 '승용차요일제 수요억제와 대중교통활성화' 등의 실효성이 미흡한 상식적인 대책만을 반복하고 있습니다.

위와 기재한 내용을 서울 태릉골프장 일대 공릉동 주민의 동의 없이 추진되고 있는 국토교통부의 공공주택지구 지정계획의 철회를 요청하며, 생태공원 조성계획으로 변경할 것을 요청합니다.

태릉골프장 공공주택 지정 반대 서명을 받고 있다.

공공주택 지정 반대서명을 받고 있다

공공주택 지정 반대서명을 받고 있다

태릉골프장을 생태공원으로 보전하자고 주장하는 박환희 후보

서울특별시의회
제311회 임시회

청원번호
1

노원구 공릉동 서울태릉골프장 일대
공공주택지구 지정 반대에 관한 청원
심 사 보 고 서

2022. 7.

주택균형개발위원회

노원구 공릉동 서울태릉골프장 일대
공공주택지구 지정 반대에 관한 청원
심 사 보 고

청 원 번 호	1

2022. 07. 25.
주택균형개발위원회

Ⅰ. 경과

○ 청 원 자 : 서울특별시 노원구 마들로31 조윤기 외 2,906명

○ 소개의원 : 박환희 의원(행정자치위원회 위원, 운영위원회 위원장)

○ 접수일자 : 2022. 7. 1.

○ 회부일자 : 2022. 7. 15.

○ 상정 및 의결일자

- 제311회 임시회 제1차 주택균형개발위원회(2022.07.25. 상정·채택)

Ⅱ. 청원요지

○ 국토교통부와 LH공사는 세계문화유산을 관리하는 유네스코와 사전 협의를 거치지 않고, 노원구 공릉동에 위치한 태릉골프장(태릉CC) 일대 공공주택지구 지정계획을 추진하였고, 이로 인해 태릉 일대 경관이 훼손되어 태릉의 국제문화유산 등재가 취소될 소지가 있으며, 국제적인 망신 초래 우려

○ 국토교통부와 LH공사는 태릉CC 일대의 맹꽁이 등 멸종위기종에 대한 실태조사를 실시하지 아니한 채 개발가능지역인 '3등급지'로 분류하여 공공주택지구 지정을 강행하였던바, 객관적인 실태조사와 함께 생태공원조성 계획 추진이 필요

○ 또한, 공공주택지구 지정으로 대규모 아파트가 신축될 경우, 공릉동 일대에 심각한 교통정체 발생 등 대기오염과 미세먼지로 주민들의 생활 불편도 예상됨. 이에 공릉동 주민들은 국토교통부의 노원구 태릉골프장 일대 공공주택지구 지정계획의 철회를 요구하는 청원임.

Ⅲ. 소개의원 청원소개 요지(박환희 의원)

○ 서울시 노원구 공릉동에 위치한 태릉골프장(태릉CC) 일대 공공주택지구 지정계획을 추진하면서 국토교통부와 LH공사는 세계문화유산을 관리하는 유네스코와 사전 협의를 거치지 않았습니다. 이로 인하여 김포 장릉의 경우처럼, 태릉 일대 경관 훼손으로 태릉의 국제문화유산 등재가 취소될 경우, 국제적인 망신을 초래하게 될 것입니다.

○ 국토교통부와 LH공사는 태릉CC 일대의 맹꽁이 등 멸종위기종에 대한 실태조사를 실시하지 아니한 채 개발가능지역인 '3등급지'로 분류하여 공공주택지구 지정을 강행하고 있습니다. 객관적인 실태조사와 함께 생태공원조성 계획이 추진될 필요가 있습니다.

○ 태릉CC일대 공공주택지구가 지정되고, 대규모 아파트가 신축될 경우, 공릉동 일대에 심각한 교통정체가 발생할 것입니다. 심각한 교통정체로 인한 대기오염과 미세먼지로 인하여 주민들의 생활불편이 예상됩니다.

○ 이에 노원구 태릉골프장 일대의 공릉동 주민들은 국토교통부의 공공주택지구 지정계획의 철회를 요구하는 서명을 진행하였습니다. 미래세대에 물려주어야 할 세계문화유산인 조선왕릉과 생태보존자원을 지키려는 공릉동 주민들의 의도가 반영될 수 있도록 적극적인 관심과 노력을 부탁드립니다.

Ⅳ. 검토의견(오정균 수석전문위원)

○ 이 청원은 서울특별시 노원구 공릉동 태릉골프장(태릉CC) 일대 공

공주택지구 지정 계획을 전면 철회하고 생태공원 조성 계획으로 변경될 수 있도록, 서울시가 국토교통부에 적극적으로 건의해 줄 것을 요청하는 내용임.

○ 청원대상지는 서울특별시 노원구 공릉동 및 경기도 구리시 갈매동 일원개발제한구역(그린벨트)으로 현재는 군 골프장으로 사용되고 있으며, '서울권역 등 수도권 주택 공급 확대방안(2020년 8·4대책) 발표'에 따라 공공주택지구 지정을 위한 행정절차를 추진하고 있음(검토보고서 붙임1. 추진경위 참조).

구 분	서울태릉 공공주택지구1)	위치도
위치	노원구 공릉동 및 경기도 구리시 갈매동 일원	
면적	874,598㎡	
도시계획	자연녹지, GB(100%)	
주택공급	6,800호	
승인기관	국토교통부	
협의기관	환경부	
사업주체	한국토지주택공사(LH)	
사업기간	지구지정일~2028년(예정)	
사용현황	군 골프장(국유지 92.5%, 공유지 2.1%, 사유지 5.4%)	

○ 청원의 주요내용은 태릉골프장(태릉CC) 일대 공공주택지구 지정 계획에 대하여 유네스코와의 사전협의 등의 절차가 무시된 점, 생태공원조성계획을 희망하는 주민 및 서울시의 의견이 무시된 채 일방적으로 추진되고 있는 점, 공릉동의 심각한 교통정체가 예상되는 점 등 다양한 문제점에도 불구하고, 주민들의 동의 없이 일방적으로 추진되고 있는 서울태릉 공공주택지구 지정 계획이 전면 철회되고, 생

---

1) 사업목적: 노원구 공릉동 일원의 군 골프장을 활용하여 서울권역의 주택 실수요자에게 신규주택을 공급함으로써 주택시장의 안정 도모

태공원 조성계획으로 변경될 수 있도록 서울시가 국토부에 적극 건의해 줄 것을 요청하는 것임.

04 토지이용구상(안)

구 분		면적(㎡)	비율(%)
계		874,598	100.0
주거용지		279,702	32.0
공공시설 용지	소계	594,896	68.0
	공원녹지	349,698	40.0
	기타시설	245,198	28.0

주) 본 절차는 공공주택지구 지정을 위한 전략환경영향평가(개발기본계획)
단계로 제시한 도면은 향후 지구계획 수립 시 변경될 수 있음

※출처: 서울태릉 공공주택지구 전략환경영향평가서 초안 설명자료(`22.6.17.)

① (총괄) 서울시 입장에 대하여

○ 태릉골프장(태릉CC) 일대는 「공공주택 특별법」에 따라 `20년 10월 사업시행 예정자인 LH공사가 사업승인권자인 국토교통부에 공공주택지구 지정을 제안한 이래 국토교통부에서 지구지정 절차를 진행 중인 곳임.

○ 이후 `21년 2월 국토부에서 공공주택지구 지정을 위해 서울시로 협의 요청을 하였고, 같은 해 5월 서울시는 도시주변 환경보전 등 개발제한구역 지정 취지 고려 및 교통·환경문제 등 지역의 다양한 우려 사항에 대해 면밀한 검토가 필요하다는 입장에서 **"원점에서 재검토"**를 요청하는 의견을 국토부에 제출하였음(검토보고서 붙임2 공문 참조).

○ 이후 국토부에서는 LH공사가 제안한 개발계획(안)을 일부 수정[2]하여 '21년 8월 25일 주민의견 청취, '22년 3월 전략환경영향평가서(초안) 공람·주민설명회, '22년 6월 이후 전략환경영향평가서 공청회[3]를 진행하였음.

○ 서울시는 올해('22년) 2월 마련된 전략환경영향평가(초안)에 대하여 '지구지정에 앞서 주민들이 우려하는 교통·환경·문화재에 대한 대책 마련 및 주민공감대 형성이 선행되어야 한다'는 검토의견을 같은 해 4월 국토부 공공택지기획과에 재차 전달한 바 있음.

○ 향후 서울시는 국토부가 추진 중인 태릉골프장 개발사업으로 인해 지역주민이 우려하고 있는 주택·교통·환경·문화재 등 제반사항에 대하여 충분하고 확실한 대책이 마련되어 지역주민이 동의(수용)할 수 있는 개발계획이 수립될 수 있도록 국토부와 지속적으로 협의해 나갈 예정인 것으로 파악됨.

② 유네스코와 사전협의 등 절차 이행 관련

○ 사업지구 중 일부는 국가지정문화재인 태릉·강릉 인근 100m 이내에 위치하고 있으며, 현재 역사문화환경 보존지역[4]으로 지정되어 있음.

○ 현재 LH공사는 서울태릉지구 개발로 인해 태릉·강릉에 미치는 영향을 분석하고 문화재 영향을 고려한 적정 개발을 위해 연구용역[5]을 추진 중에 있으며, 문화재청과 협의를 거쳐 문화재 유산영향평가 절차(검토보고서 붙임3)를 이행함으로써 문화재에 끼치는 영향을 최소화할 계획인 것으로 시는 파악하고 있음.

---

2) 주택공급 축소(1만호→6천8백호), 공원녹지율 확대(25%→40%), 환경보전·광역교통대책 수립계획 등
3) 전략환경영향평가 공청회 1차('22.06.17. 무산) / 2차('22.07.11. : 개최) / 3차('22.7.21. : 개최)
   ※ 50~60명 주민참석하여 사업추진 반대
4) 「문화재보호법」제13조, 「서울특별시 문화재 보호조례」 제19조
5) 용역명 : 서울태릉지구 세계유산(태릉·강릉) 영향성 분석 연구용역
   과업기간 : '21.12.27 ~ '22.9.26(9개월),
   수행기관 : 서울시립대학교 산학협력단

구분	사적 제201호 태릉·강릉 주변 현상변경 허용기준		비고
	평지붕	경사지붕(10:3 이상)	
1구역	ㅇ 보존구역		
2구역	ㅇ 건축물 최고높이 14m 이하	ㅇ 건축물 최고높이 17m 이하	
공통 사항	ㅇ 기존 시설물 범위 내 개·재축은 허용 ㅇ 건축물 최고높이는 옥탑, 계단탑, 승강기탑, 망루, 장식탑 등 기타 이 와 유사한 　것을 포함한 높이로 함. ㅇ 색채는 자극적인 원색계열을 지양하고 문화재와 조화되는 명도와 채도 가 낮은 색상권장(예: 지붕색상 - 회색, 밤색 등) ㅇ 외벽재료는 문화재 조망구간에서 건축물의 외벽이 광택(반사)이 강한 금속자재, 　유광타일, 반사유리 등의 사용을 지양함		

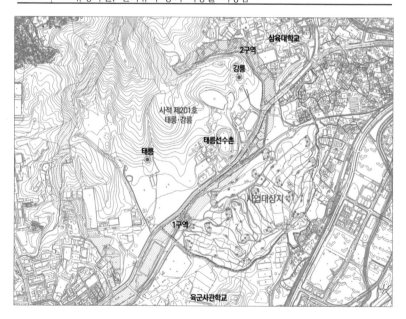

③ 생태자연도 등급 분류

○ 전략환경영향평가서(초안)에서는 해당지구 내 생태자연도 1등급 권역은 없고, 2등급 권역(1.5%), 3등급 권역(98.5%)으로만 분류하고 있음.

5.3.1 환경 관련 지구·지역 지정현황

1. 생태·자연도 현황

○ 계획지구는 생태·자연도 2~3등급 지역에 해당됨

〈표 5-16〉 생태·자연도 현황

구 분	전 체	1등급	2등급	3등급
면 적(천㎡)	874.6	-	12.8	861.8
비 율(%)	100.0	-	1.5	98.5

○ 청원인이 국가공간정보포털[6]에서 확인한 결과, 대상지역은 생태자연도 미분류지역이며 실제 조사를 하였다면 1등급 권역에 해당하는데, LH공사가 미분류지를 충분한 검토 없이 98.5%에 해당하는 면적을 3등급 권역으로 보고서를 작성했다고 주장함.

○ 이에 대해 LH공사는 전략환경영향평가서(초안)에 제시된 생태자연도는 「자연환경보전법」에 의거하여 국립생태원에서 실시한 전국의 자연환경조사 결과를 기초로 하여 제공된 자료(환경부 환경공간정보서비스[7])로 작성하였고, 이 자료를 근거로 미분류지역은 없고 해당지역은 2~3등급 권역임을 확인한 것으로 보임. LH공사는 이후 국립생태원에 서면질의 공문을 보내 해당지역(공릉동 25-9)의 생태자연도를 추가 확인하였고, 개발 또는 이용의 대상인 3등급 권역으로 공문을 회신받은 바 있음(검토보고서 붙임4 참조).

---

6) 국가공간정보포털(http://www.nsdi.go.kr)
7) 환경공간정보시스템(http://www.egis.me.go.kr)

④ 교통정체 우려 관련

○ 청원인은 태릉CC 주변 도로의 교통소통 상태가 매우 열악함을 우려하고 있음.

○ 이에 서울시 교통정책과는 개발에 따른 교통문제 최소화를 위해 광역교통개선대책 수립이 필요하며, 교통개선대책은 대중교통중심으로 수립되어야 한다는 입장에서, 인접 공공주택지구 개발사업지 등을 고려하여 서울시 및 자치구와 사전에 충분한 협의를 거쳐 초안을 마련해 줄 것을 요청하였음.

○ 전략환경영향평가(초안)에 대하여 서울시 교통운영과는 태릉CC일대 주요 간선도로 중 화랑로의 혼잡도가 가장 높은 것으로 나타나며, 특히 도시고속도로 등 진출입차량 등으로 인해 도로 혼잡이 더욱 가중되는 것으로 추정되는 바, 대규모 공공주택을 건설하는 계획에는 광역의 교통계획 수립과 교통수요관리 대책이 필요하고, 장래의 교통수요를 고려하여 수요분석, 교통체계 개선, 도로운용 계획, 교통운영 계획 등 후속조치가 연계되어야 하나 현 단계의 초안으로는 검토의견 제시에 한계가 있다는 입장임.

○ LH공사는 지구 대상지 발표 시 개발에 따른 교통문제에 대해 주민 우려 등을 고려하여 광역교통대책 기본(안)을 마련·제시한 바 있으며, 향후 서울시 등 관계기관 협의와 국토부 심의를 거쳐 확정하겠다는 계획임(검토보고서 붙임5 참조).

〈광역교통개선대책 기본(안), '20.8.4.〉

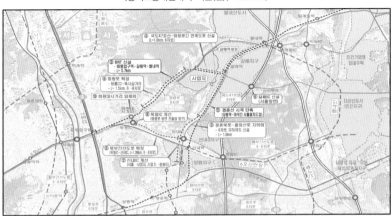

검토 리스트(안)

◇ 대중교통 : 경춘선 시격단축, 태릉입구역~별내역 BRT 신설 등
 ① (경춘선 시격단축) 첨두시 경춘선 배차간격 축소를 위해 GTX-B 개통 전까
  지 상봉(7호선 환승)~마석구간 차량 추가 투입
 ② (BRT 신설) 태릉입구역~갈매역~별내역 구간 BRT 신설

◇ 도로개선 : 북부간선도로 확장, 연계도로 신설, 주변 IC 신설·개선 등
 ⎡1⎤ (도로신설) ③ 경춘북로~용마산로 4차로 지하도로(1.6km)
 ④ 국도47호선↔화랑로 연계도로(1.5km, BRT 포함)
 ⎡2⎤ (도로확장)
 ⑤ (북부간선도로) 묵동IC~신내IC 구간(1.4km, 6→8차로)
 ⑥ (화랑로) 태릉CC~육사삼거리 구간(1.5km, 6→8차로)
 ⎡3⎤ (IC·교차로개선) ⑦ (신내IC 개선) 신내IC 서울방면 연결로 추가
 * (추가 연결로) 서울→사업지방면, 사업지→서울방면 램프 추가
 ⑧ (북부간선도로 묵동IC 개선) 서울↔화랑로 방면 연결로 추가
 ⑨ (갈매IC 신설) 구리~포천고속도로 서울방면 진출입IC 설치
 ⑩ (화랑대사거리 입체화) 화랑로·노원로 교차로 지하차도 신설

○ 광역교통대책(안)에 대해 아직 공식적인 관계기관 협의가 이루어지지 않았으나, 지자체·인근 주민들의 교통시설 설치요청이 과다한 상황에서 태릉지구 사업예산으로 주변 교통정체를 모두 해결하기에는 한계가 있으므로, LH공사는 최종 광역교통개선대책[8]은 올해 하반기에 공식적인 관계기관 협의 후 지자체 등 요구사항을 종합적으로 검토하여 우선순위를 도출한 후 결정하겠다는 입장임. 한편, 일반적으로 광역교통개선대책은 지구계획 승인 시 확정하나 사안의 중요성을 감안하여, 지구지정과 동시에 심의 상정 될 수 있도록 추진할 계획으로 파악됨[9].

⑤ 이 밖에 관계부서 의견에 대하여

○ 지구 지정 및 조성사업 전략환경영향평가(초안)에 대한 서울시 관계부서 의견을 요약하면 다음과 같음

관련부서	검토의견	비고
도시계획과	· 대상지는 도시의 무질서한 확산을 방지하고 도시 주변의 자연환경을 보전하여 도시민의 건전한 생활환경을 확보하기 위해 개발제한구역으로 지정된 곳으로 당초 지정 취지를 고려할 때 개발제한구역을 유지하는 것이 바람직할 것으로 사료됨. 부득이 해제가 필요한 경우라도 보존가치가 훼손된 지역을 대상으로 주변 환경에 미치는 영향을 최소화하는 개발이 되어야 함.	
도시계획 상임기획단	· 금회 협의(안)의 지구계는 `20.8. 서울권역 등 수도권 주택공급 확대방안에서 제시된 태릉CC 뿐만 아니라 주변 필지(약 13만㎡ : 국유지 6.5만㎡, 사유지 4.7만㎡, 공유지 약 1.8만㎡ 등)를 추가 포함하여 제시한 바, 지구계 적정성 재검토 선행 필요 · 지구계 유지시에는 개발제한구역 추가해제가 발생하는 점 등을 고려하여 개발제한구역 해제 물량(국가/서울시)에 대해 우리시 주관부서(도시계획과)와 면밀한 협의 이후 추진 필요	

---

8) ①대안설정(旣발표+추가요구)→②검토→③우선선위 도출→④지자체 등 재협의
9) 추진일정) 교통 대책(안) 마련 `22.10, 관계기관 협의 `22.12, 심의상정 `23.상반기

시설계획과	· 도시기본계획, 공원녹지기본계획과 연계하여 공원·녹지체계를 구상하고, 「도시공원 및 녹지 등에 관한 법률」, 「도시계획시설의 결정·구조 및 설치 기준에 관한 규칙」등 적용 기준을 준수하여 공원의 결정·구조 및 설치 계획을 수립하기 바람
공원녹지 정책과	· 대상지는 도시의 무질서한 확산을 방지하고 도시주변의 자연환경을 보전하여 도시민의 건전한 생활환경을 확보하기 위해 개발제한구역으로 지정된 곳으로 당초 지정 취지 및 보존가치 고려 필요 · 대상지 내 임상이 양호한 지역에 대해서는 보전방안 강구하고, 기존 녹지에 도움이 되는 시설을 택지로 개발하는 것은 시민공감대 형성 등 신중한 검토가 필요함
자연생태과	· 「생물 보호 및 관리에 관한 법률」제14조, 및 제19조에 의거 사업대상지 내 서식하는 멸종위기야생생물(삵, 하늘다람쥐, 새매, 맹꽁이 등) 및 천연기념물(하늘다람쥐, 원앙, 황초롱이 등)을 이동시키거나 서식지를 이전하는 등 보호대책 마련 하여야 함 · 「야생생물 보호 및 관리에 관한 법률」제26조 및 「서울시자연환경보전과 생물다양성 보전 및 이용에 관한 조례」제15조 및 동조례 제16조에 의거 사업대상지 내 서식하는 서울시보호야생동물(족제비, 다람쥐, 쇠딱다구리, 큰오색딱다구리, 오색딱다구리, 청딱다구리, 박새, 두꺼비 등)을 이동시키거나 서식지를 이전하는 등 보호대책 마련 하여야 함 · 현장합동조사가 2022.1.12.~13.에 실시된 바, 동절기 내 2일의 기간만으로 사업대상지 내 생태계 조사가 완료되었다고 보기 어려우므로, 추가로 법정보호종 등과 보전가치가 높은 생물종 개체의 서식지 등이 발견될 시에는 이에 대한 보호대책을 수립하여야 함
교통정책과	· 공공주택지구 개발에 따른 교통문제 최소화를 위한 특단위 광역교통개선대책 수립이 필요하며, 교통개선대책은 대중교통중심으로 수립되어야 함 · 광역교통개선대책은 인접 구리갈매역세권 공공주택지구 개발사업지 등을 고려하여 개선대책이 수립되어야 하며, 우리시 및 자치구 등과 사전에 충분한 협의를 통해 초안이 마련될 수 있도록 조치요청

역사문화재과	· 「매장문화재 보호 및 조사에 관한 법률」시행령 제4조(지표조사의 대상 사업 등)의 '토지에서 시행하는 건설공사로서 사업면적이 3만제곱미터 이상인 경우'에 해당하므로, 사업 시행 전에 매장문화재 지표조사를 실시하여 문화재가 매장·분호되어 있는지 확인해야 합니다. · 또한 같은법 제8조(지표조사 결과에 따른 협의)에 따라 지표조사 결과 매장문화재 유존지역에서 개발사업을 하려면 미리 문화재청장과 협의해야함을 알려드립니다.
	· 「서울태릉 공공주택지구 조성」지역 중 일부가 국가지정문화재인인 〈서울 태릉과 강릉〉 인근 100m이내 지역으로 「서울특별시 문화재 보호조례」 제19조에 따라 역사문화환경 보존지역으로 지정되어 있습니다. 향후 건설공사 인허가 전 「문화재보호법」 제13조 제2항에 따른 문화재보존영향 검토 절차를 이행하여 주시기 바랍니다.

○ **종합하면,** 서울시는 태릉골프장 개발계획 재검토를 요청하는 이 청원의 내용을 면밀하게 검토한 후 지역주민, 자치구 등 다양한 이해당사자의 의견을 충분히 수렴하고 정리하여 사업추진 절차에 따라 청원인의 입장에서 적극적이고 지속적으로 국토부와 협의를 이어갈 필요가 있음. 서울시는 주도적 입장이 아닌 수동적 입장에서 국토부 안에 대한 의견을 제시하는 등 제한된 역할만을 수행할 수밖에 없는 상황이나 구체적인 대안을 제시하면서 협의에 응할 필요가 있겠음. 이와 같은 의견으로 청원을 채택하여 서울태릉골프장 일대 공공주택지구 지정과 관련된 지역주민들의 민원을 신속히 해소할 필요가 있다고 사료됨.

Ⅴ. 질의 및 답변요지 : 생략

Ⅵ. 토론요지 : 생략

Ⅶ. 심사결과 : 본회의에 부의하기로 함 (출석위원 전원 찬성)

Ⅷ. 소수의견 요지 : 없음

Ⅸ. 의견서 : 별첨

[별첨]

의 견 서

□ **청 원 명** : 노원구 공릉동 서울태릉골프장 일대 공공주택지구
　　　　　　　 지정 반대에 관한 청원

□ **처리하여야 할 기관** : 서울특별시(주택정책실)

□ **채택의견**

○ 주택균형개발위원회는 노원구 공릉동 서울태릉골프장 일대 공공주택
　 지구 지정 계획을 전면 철회하고 생태공원으로 조성해 줄 것을 요
　 청한 이 청원을 심사한 결과

○ 청원인의 주장과 같이 이 사업을 추진하는 과정에서 국토교통부와
　 LH공사가 청원인과 서울시의 주장을 제대로 반영하지 않은 채, 전략
　 환경영향평가서 공청회를 강행하고 있고, 교통·환경·문화재에 끼치는
　 영향에 대한 대책 마련도 미흡하다는 판단하에,

○ 향후 서울시가 지역주민, 자치구 등 다양한 이해당사자의 의견을 충
　 분히 수렴·검토한 후, 적극적으로 국토부와 협의를 이어갈 필요가
　 있다고 보아, 이 청원을 채택하여 본회의에 부의하기로 함.

청원처리결과보고

◎ 1번. 노원구 공릉동 서울태릉골프장 일대 공공주택지구 지정 반대에 관한 청원

처리일	청원인/소개의원	추진부서	작성자
접수일 : 2022.07.01. 채택일 : 2022.07.25. 이송일 : 2022.08.05.	조 윤 기 외 2,906명 (박 환 희 의원)	주택정책실 (공공주택과)	담당사무관 : 홍석현 담 당 자 : 남철우 전화번호 : 2133-7079

□ 청원요지

○ 국토교통부와 LH공사의 태릉골프장 개발은 ❶ 세계유산인 태릉·강릉에 대해 유네스코와 사전협의하지 않은 문제, ❷ 태릉골프장 일대에 대해 실태조사 하지 않고 개발가능한 생태자연도 3등급으로 분류한 문제, ❸ 공릉동 일대에 심각한 교통정체가 예상되는 문제가 있음으로

○ 태릉골프장 일대 공공주택지구 지정계획은 전면 철회되고, 생태공원 조성 계획으로 변경될 수 있도록 국토교통부에 건의해 줄 것을 요구하는 청원임

□ 처리상황 : 수용(추진중)

○ 청원내용을 공공주택지구 지정 제안자인 LH공사, 지정권자인 국토교통부에 전달하였고

○ 태릉골프장 개발은 주민들의 의견을 존중하고 주민들이 동의 및 수용할 수 있는 한도 내에서 추진되어야 하므로, 지구지정 절차를 진행하기에 앞서 주민들이 우려하는 교통·환경·문화재 문제에 대한 구체적인 해소방안 제시 및 지역의견을 확인하여 충분한 주민공감대 형성이 선행되도록 요청함

□ 심사 및 추진내용

〔심사내용〕

○ 정부가 8·4 대책의 하나로 추진중인 태릉골프장 개발사업은 지역 주민들이 우려하는 문화재 보호, 환경 보전, 교통 혼잡 등의 다양한 문제점이 있으므로.

○ 태릉골프장 개발사업 추진방향에 대하여 주민 의견이 적극 반영되어 재검토되도록 국토교통부와 지속적으로 협의 예정

※ 국토부, LH 의견

① 세계유산인 태릉·강릉 및 역사문화보존구역 등 **문화재 훼손 우려**

⇒ 세계유산 영향평가 실시 후 유네스코와 협의 예정, 역사문화보존구역은 공원·녹지 조성, 경관 시뮬레이션을 통한 아파트 층고 조정 등 영향 최소화 예정

② 법정보호종 서식 등 **양호한 생태환경 보존 필요**

⇒ 사업지구 내 맹꽁이 대체서식지 조성, 수목 이식, 광역 녹지축 등 환경보존방안 수립 예정

③ 공릉동 일대 **심각한 교통 정체 예상**

⇒ 주택공급을 축소하여 첨두시 교통량을 감축하였으며, 기존보다 광역교통개선대책 재정을 확대하고 지구지정과 동시에 개선대책 확정 예정

[추진내용]

○ 2022.07.01. 청원접수

○ 2022.07.25. 시의회 청원채택

○ 2022.08.05. 청원이송(시의회→집행부)

○ 2022.08.10. 시의회 채택청원 송부(기획담당관→공공주택과)

○ 2022.08.17. 청원 전달 및 주민의견 반영 요청

    (공공주택과→국토부, LH)

○ 2022.09.23. 주택공간위원회 지구지정 진행사항 등 현장점검

○ 2022.10.21. 행정2부시장 태릉일대 현장점검

□ 향후 추진계획

○ 태릉골프장 개발은 국토교통부에서 모든 권한을 가지고 추진중인 만큼 사업추진 과정에서 주민이 원하는 대책이 수립되도록 국토부와 지속 협의 예정

※ (국토부) 2022년 내 중앙도시계획위원회 심의 후 공공주택지구 지정 예정

해당 상임위에서 청원 내용을 설명하는 박환희 의원

2) 서울특별시의회 6개 상임위원장단 공동성명 발표

- '주민청원 1호'채택
  후속조치인 태릉일대 현장 방문에서 국토교통부 사업반대 성명 발표!!
- 청원 관련 시의회 환경, 문화, 주택, 도시계획, 교통위원회 상임위원장단
  이 합동으로 청원인인 공릉동 주민들과 적극 소통하기 위해 현장 방문
- '조선왕릉인 태릉·강릉, 연지' 및 '태릉 재실 터 문화재 발굴현장' 방문
- 세계문화유산(조선왕릉) 및 멸종위기의 생물 보전을 위한 아파트 단지
  조성계획을 철회하고, 시민을 위한 생태자연공원 조성 촉구!

□ 박환희 운영위원장(국민의힘, 노원2)은 8월 11일(목) '공공주택지구지정
  반대주민청원' 관련 유네스코 세계문화유산인 태릉·강릉, 연지(蓮池) 및
  문화재발굴조사 중인 태릉재실 터를 방문하여 현장을 점검하고, 국토교
  통부의 일방적인 사업강행에 대해 소관 상임위원 장단은 각각 반대 성
  명을 발표하였다.

□ 박환희 위원장 및 6개 상임위원장단은 11대 서울시의회 1호 청원이
  주위 경관이 훼손되어 조선왕릉의 세계문화유산 등재가 취소될 수 있
  고, 천연기념물이 서식하고 있는 그린벨트 생태계가 파괴될 것이라고
  국토교통부에 대한 강한 유감을 표명하였다.
  ※ 참석한 6개 상임위원장단은 박환희(운영), 남궁역(환경수자원), 이종환(문
    화체육관광), 민병주(주택균형개발), 도문열(도시계획공간), 박중화(교통)

□ 참석한 이종환 문화체육관광위원장은 '세계가 주목한 조선왕릉전시관'
  을 방문한 후, "40기의 조선왕릉이 풍수사상에 따라 수변 자연환경을
  최대한 고려하여 만들어졌으며, 이러한 특수성이 유네스코 세계문화유
  산으로 등재되는 데 결정적인 역할을 하였다."며, 아파트단지가 조성될
  경우, 조선왕릉주위 경관훼손으로 세계문화유산 등재가 취소되지 않도

록 문화유산영향평가제도가 빠른 시일 내에 도입되어야 할 것이라고 하였다.

- 또한, 이 위원장은 태릉재실 터 발굴현장을 방문한 후, 조선왕릉에 제사를 지내는 데 활용된 재실 터를 발굴하여 조선왕릉에 편입하는 적극적인 노력을 통하여 세계문화유산 보존에 힘써야 할 것이라고 주장하였다.

- 한편, 태릉재실 터에 대해서는 문화재청에서 지난 2021년 10월, 2022년 4월 등 2차에 걸쳐 1,000㎡를 대상으로 지난 7월 말까지 담장, 우물 터, 수로 등의 유구와 유물 등에 대한 발굴조사가 진행되었고, 발굴조사 결과 발표를 앞두고 있다.

※ 재실은 능에서 제사를 지내는 관리가 휴식하거나 제기를 보관하는 곳으로, 조선왕릉 재실은 일제강점기와 한국전쟁을 거치면서 대부분 사라지거나 원형을 잃고 있다.

□ 또한, 남궁역 환경수자원위원장은 "국토교통부와 LH공사가 생태 자연도 미분류지역인 개발가능 지역인 생태자연도 '3등급지'로 분류했다."며, 향후, 환경사업대상지구를 법령에 기반한 정확한 조사나 검증과정 없이 임의로 영향평가법을 준수하여 태릉골프장 일대에 서식하고 있는 맹꽁이, 삵, 새매, 하늘다람쥐 등 멸종위기 야생동물에 대한 정확한 실태조사를 바탕으로 제대로 된 생태자연도를 작성하여 태릉 일대를 아파트단지 보다는 생태자연공원으로 조성할 수 있다고 주장하였다.

□ 금번 청원을 심사한 민병주 주택균형개발위원장은 "국토교통부가 문화재 보호, 멸종위기종 보호, 교통대책 미흡 등의 이유로 그린벨트 개발 반대를 요구하는 주민들의 의사를 무시한 채 일방적으로 사업을 추진하고 있다."며, 지난 상임위 심사과정에서도 이러한 점에 청원을 심사한 위원들이 십분 공감하여 '노원구 공릉동 태릉골프장 일대 공공주택지구 지정 반대 청원'을 만장일치로 통과시켰다고 밝혔다.

□ 또한, 도문열 도시계획공간위원장은 "문재인 정부에서 인위적으로 억제했던 주택공급을 확대하기 위해 서울의 허파역할을 하는 태릉 일대의 자연생태계와 세계문화유산을 훼손하면서까지 대규모 아파트를 짓는 것은 반드시 재검토되어야 한다."며, 향후, 모아주택 공급, 노후저층 아파트 재개발, 역세권 용적률 완화 및 불합리한 재건축·재개발 규제 완화 등을 통해 도심에 정상적으로 주택을 공급해야 할 것이라고 주장하였다.

□ 박중화 교통위원장은 "국토교통부가 서울태릉공공주택지구 지정 계획에 따라 대규모 아파트가 태릉CC 그린벨트 일대에 신축될 경우, 현재도 상습 정체를 보이는 공릉동 일대는 극심한 교통정체를 유발하는 것은 물론이고, 대기오염과 미세먼지 발생 등으로 인근 주민들의 건강을 심각하게 위협할 것이다."며, 명확한 교통대책없이 추진되는 태릉 일대 대규모 아파트조성사업은 반드시 철회되어야 한다고 주장하였다.

□ 박환희 위원장은 태릉의 연지 주변을 직접 둘러보고, "약 500년 동안 조선왕릉을 보호하는 완충역할을 하는 연지(蓮池)에 귀중한 유물이 포함되어 있을 수 있음에도 조선총독부「육지측량부(1916)」에서 나타나듯이 과거 일제강점기에 '재생원농장'으로 훼손되기도 하였다."며, 향후 연지부지를 문화재청에서 매입한 후 문화재 조사·발굴 및 원형복원을 위한 특단의 대책이 필요한 시점이라고 주장하였다.
  - 조선왕릉 관계자에 따르면, 조선왕릉에 있어서 연지(蓮池)라는 연못이 배산임수(背山臨水)의 풍수사상, 왕릉 방재 기능 뿐만 아니라 조선왕릉이 뒤틀리지 않도록 충격을 흡수하는 '스폰지 역할'도 하였다고 언급하였다.

□ 마지막으로, 박환희 위원장 및 6개 상임위원장단은 "태릉골프장 일대에는 세계문화유산인 조선왕릉이 있을 뿐만 아니라 멸종위기종이 서식하고 있는 그린벨트 지역이라는 점에서 역사성과 자연환경을 고려하여 공릉동 일대를 아파트 숲이 아닌 생태자연공원으로 조성할 필요가 있다." 며, "공

릉동 주민들의 청원이 국토교통부에 제대로 전달되어 세계문화유산 등재
가 취소되지 않도록 주민들과 끝까지 함께 할 것"이라고 주장했다.

이종환 문화체육관광위원장, 박중화 교통위원장, 박환희 운영위원장,
민병두 주택공간위원장, 도문열 도시계획균형위원장, 남궁역 환경수자원 부위원장

주민청원1호에 따른 서울시의회 6개 상임위원장단 현장시찰

서울시의원 연구단체, '자연문화환경탐사연구회'
태릉 연지 현장방문, 세계유산 완충구역, 습지 지정 요청

- 국토교통부의 '서울태릉 공공주택지구 지정계획' 철회 촉구
- 세계유산 태릉 보존을 위해 연지(蓮池)를 완충구역 지정,
  천연기념물(원앙 등)등 생태계 원형보존을 위해 람사르습지처럼
  습지보호구역 지정요청

□ 서울시의회 의원연구단체 '자연문화환경탐사연구회'가 지난 28일(수)
  첫 탐사로 "연지(蓮池)를 세계문화유산 완충구역·습지보호구역으로!"
  이라는 주제를 가지고 본격적인 활동에 나섰다.

□ '자연문화환경탐사연구회'는 운영위원회 박환희 위원장(국민의힘, 노원
  제2선거구)이 대표의원인 의원연구단체로, 기후환경 위기에 대응하여
  서울시 자연문화환경의 실태를 파악하고, 재생·보존 방안을 모색하기
  위해 지난 7월 출범하였다.

□ 연구회는 법정보호종의 서식지 및 자연환경의 실태와 문화재의 훼손현
  황을 파악하는 현장방문, 국내외 자연환경취약지구 관련 주민인터뷰·이
  슈분석·정책사례연구를 위한 세미나·간담회를 개최할 예정이다.

□ 금번 현장방문은 연지(蓮池)가 세계문화유산인 조선왕릉을 보호하는 완
  충구역이라는 점과 원앙 등 천연기념물이 서식하는 습지라는 특별한
  위상을 띄고 있음에도 국토교통부가 연지를 포함한 태릉골프장일대에

대규모 아파트단지 조성을 추진하고 있다는 점을 고려하여 그 실태파악을 위하여 첫 탐사대상지로 선정되었다.

☐ 연지는 배산임수의 풍수사상, 왕릉 방재 기능 뿐만 아니라 조선왕릉이 뒤틀리지 않도록 충격을 흡수하는 '스폰지 역할'을 하고 있어 역사문화적으로 그 중요성이 큰 장소로 세계유산의 일부인 완충구역으로 지정하고, 보전을 위한 특단의 대책이 필요한 시점이다.

☐ 또한, 연지 일대는 멸종위기종 2급 야생동물 하늘다람쥐, 맹꽁이, 새매, 삵과 천연기념물 원앙, 황조롱이 등이 서식하고 있으며 500년 이상 된 소나무도 있어 람사르습지처럼 환경생태 보존이 시급한 지역으로 습지보호지역으로 지정될 필요가 있다.

☐ 박환희 위원장은 "지구온난화 등 인류 생존과 밀접한 환경의 중요성이 어느 때보다 강조되고 있으며, 한번 훼손된 자연환경은 쉽사리 되돌릴 수 없다"면서, "태릉 연지는 환경생태적 가치와 역사문화적 가치 모두를 고루 갖추고 있어 무분별한 택지개발로 파괴되지 않도록 서울시 의회와 집행부, 시민이 모두 힘을 모아 꼭 지켜내야 한다"고 말했다.

☐ 한편, 태릉 연지를 포함한 태릉골프장 일대에 추진되는 공공주택지구 지정반대를 위한 11대 서울시의회 청원1호 통과(국토교통부), 서울시의회 6개 상임위원장단 태릉연지 현장방문, 세계유산 태릉의 완충구역인 연지에 대한 보존대책 수립 촉구 결의(문화재청), 태릉 연지(蓮池) 습지보호지역 지정(서울시), 태릉 연지 생물다양성 조사 연구용역(서울시의회) 등이 추진되고 있다.

※ 자연문화환경탐사연구회 소속 의원
　박환희(노원2), 김원태(송파6), 이은림(도봉4), 민병주(중랑4), 김지향
　(영등포4), 소영철(마포2), 김영철(강동5), 경기문(강서6), 서호연(구로3),
　박영한(중랑1), 이병윤(동대문1), 김혜영(광진4), 임춘대(송파3), 한신
　(성북1)

서울자연문화환경탐사연구회 세계문화유산 조선왕릉 전시장 방문

박환희 서울시의원,
국방부 '태릉골프장부지 개발 반대 확정' 적극 환영

서울시의회 박환희 운영위원장(국민의힘·노원2)은 지난 23일 국방부가 태릉골프장 부지의 주택 1만채 개발을 반대하는 최종 입장을 밝힌 데 적극적인 환영 의사를 표명했다.

SBS 뉴스, 태릉골프장부지 소유자 국방부,
주택 1만 호 건설 반대 최종 입장 대통령실 전달 보도

박환희 의원, 지난해 7월부터 태릉 CC개발 반대 청원 제출 시작으로 세계문화유산 태강릉 보존 위한 눈물겨운 노력 지속
세계유산영향평가 제도화 및 태릉 연지 완충구역 지정 문화재청에 요청

제11대 서울시의회 주민청원 1호 통과

특히, 공릉동 출신 박환희 의원은 지난해 7월부터 주민 3,000여 명의 동의를 받아 태릉골프장 부지 개발을 반대하는 '주민청원'을 제출하였으며, 6개 서울시의회 상임위원장단이 세계문화유산 태강릉의 연지 보존과 생태계 보호를 정부에 강력하게 촉구하기도 하였다.

세계문화유산 태릉의 완충구역인 연지에 대한 보존대책 수립촉구 결의안

　박환희 위원장은 "태강릉의 연지(蓮池)는 조선왕릉 보호를 위한 '스폰지 역할'을 담당하고 있으며, 이러한 연지 일대가 아파트개발로 세계유산 등재가 취소된 '영국의 해양도시 리버풀'과 같은 사례가 발생하여 세계유산을 둘러싼 한·중·일 주도권 경쟁에서 밀려나지 않도록 윤석열 대통령님의 대승적인 결단이 필요한 시점이다."며, "세계문화유산 지킴이의 한사람으로서 각종 개발로 인한 세계유산 보호를 위하여 세계유산영향평가 도입 및 연지의 완충구역 지정을 위해 혼신의 힘을 기울이겠다"고 말하였다.

한편, 박환희 위원장은 오는 7월 4일 태강릉의 연지 일대에서 '서울 소재 세계문화유산 조선왕릉의 보호관리 기본 구상(지역개발 압력에 노출된 태강릉 지역 보존방안을 중심으로)' 연구용역에 대한 착수보고를 받을 예정이다.

박환희 위원장과 연구책임자 김충호 교수가 착수보고를 하고 있다.

연구용역 착수보고회에 앞서 연지를 배경으로 관계자와의 기념촬영

⟨주민과의 약속⟩

박환희 서울시의회 운영위원장, 서울시 생태·경관 보전지역 및 용도지구, 야생동물 보호구역 지정 요구(서울시푸른도시여가국 자연생태과)

세계문화유산 조선왕릉 태릉·강릉 태릉연지는 물을 품은 연지는 생명이 풍성하고 생태계의 보고 태릉연지 습지를 품고 있습니다.

태릉연지 주변, 멸종위기 지정 맹꽁이 등 서식지역으로 보존가치가 매우 높아 지정되어야 한다.

학술적 연구와 보존가치가 확인된 만큼 야생동물 보호구역 등으로 지정이 필요하다.

멸종위기 야생동물 2급 맹꽁이를 포함, 천연기념물 제 327호 원앙 등 다양한 야생동·식물이 서식하는 집단도래지로서 생태적으로 보존가치가 매우 큰 지역임이 확인되었다.

법정보호종만 하더라도 멸종위기종이 4종(맹꽁이, 새매, 하늘다람쥐, 삵), 천연기념물이 2종(원앙, 황조롱이) 서식하고 있다. 서울시와 경기도의 보호종까지 포함하면 18종의 보호종 야생생물이 서식하고 있는 생태계의 보고이다.

수도 서울의 평지에 위치한 내륙습지인 태릉연지 습지에 이렇게 소중한 생태계가 형성되어 있음은 놀라운 일이며 잘 보존하여 미래세대에 전해줘야 할 보물이다.

서울시 푸른도시여가국을 찾아 요구하고 있다.

제 2 장

태릉 역사문화생태공원

제2장 태릉 역사문화생태공원

1. 조선왕릉 세계문화유산 등재 사유 및 과정

1) 조선왕릉의 개괄

① 조선왕릉의 형식

조선왕릉은 기본적으로 유교예법에 근거한 상설제도에 따라 공간이 구성되어 있으면서도 봉분의 조성형태에 따라 형태적 차별을 보이고 있다. 이와 같은 형식은 크게 단릉, 쌍릉, 합장릉, 동원이강릉, 동원상하릉, 삼연릉의 여섯 가지로 나눌 수 있다.

- 단릉(單陵)

  단릉은 왕과 왕비의 봉분을 단독으로 조성한 능이다. 대표적으로 태조 건원릉, 단종 장릉, 중종 정릉 등 15기의 능이 있다.

- 쌍릉(雙陵)

  쌍릉은 왕과 왕비의 봉분을 하나의 곡장 안에 나란히 조성한 능으로, 우상좌하(右上左下, 오른쪽에 왕, 왼쪽에 왕비)의 원칙에 따라 조성하였다. 대표적으로 명종 강릉, 영조 원릉, 철종 예릉 등 9기의 능이 있다.

- 합장릉(合葬陵)

  합장릉은 왕과 왕비를 하나의 봉분에 합장한 능이다. 영조 이전의 합장릉은 혼유석을 2좌씩 배치하였으나 영조 이후에는 혼유석을 1좌씩 배치하였다. 대표적으로 세종 영릉, 인조 장릉, 정조 건릉 등 8기의 능이 있다. 특이하게 순종황제 유릉은 황제와 황후 두 분을 하나의 봉분에 합장한 동봉삼실(同封三室) 합장릉이다.

단릉

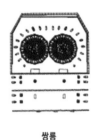
쌍릉

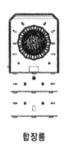
합장릉

- 동원이강릉(同原異岡陵)

동원이강릉은 같은 능역에 하나의 정자각을 두고 서로 다른 언덕에 봉분과 상설을 조성한 능이다. 최초의 동원이강릉은 세조 광릉이며, 예종 창릉, 성종 선릉 등 7기의 능이 있다. 특이하게 선조 목릉은 세 개의 서로 다른 언덕(선조, 의인왕후, 인목왕후)에 별도의 봉분을 조성하였고, 숙종 명릉은 쌍릉(숙종과 인현왕후)과 단릉(인원왕후)의 형태로 서로 다른 언덕에 봉분을 조성하였다.

- 동원상하릉(同原上下陵)

동원상하릉은 한 언덕에 왕과 왕비의 봉분을 위 아래로 조성한 능으로, 능혈의 폭이 좁아 왕성한 기가 흐르는 정혈(正穴)에서 벗어나지 않도록 하기 위한 풍수지리적인 이유로 조성하였다. 효종 영릉과 경종 의릉 2기가 해당되며, 왕의 능침에만 곡장을 둘렀다.

- 삼연릉(三連陵)

삼연릉은 한 언덕에 왕과 두 명의 왕비의 봉분을 나란히 조성한 능으로, 헌종 경릉이 유일하다. 우상좌하(右上左下)의 원칙에 따라 오른쪽(앞에서 바라보았을 때 왼쪽)에 왕을 모시고 첫 번째 왕비(효현성황후)와 두 번째 왕비(효정성황후)를 순서대로 모셨다.

동원이강릉   동원상하릉   삼연릉

단릉 형식은 태조 건원릉부터 시작하여 조선 중기까지 나타나며 18세기 이후에는 거의 볼 수 없다. 쌍릉 형식은 조선시대 전반적으로 고르게 나타나며, 동원이강릉 형식은 세조 광릉을 시작으로 15세기에만 집중되었을 뿐 이후에는 볼 수 없다.

합장릉의 형식은 18세기 이후에 많이 나타나는데, 이는 능역 조성시 소요되는 경비와 인력을 절감하기 위해서이다. 그 밖에 풍수적인 입지와 공간적으로 협소하여 동원상하릉의 형식과 삼연릉 형식이 나타나기도 하였다.

② 조선왕릉의 입지 및 구성

- 조선왕릉의 입지

왕릉은 왕과 왕비가 세상을 떠난 이후에 조성된다. 왕과 왕비가 세상을 떠나면 장례를 치르기 위해 국장도감(國葬都監), 빈전도감(殯殿都監), 산릉도감(山陵都監)이라는 임시 기관을 설치한다.

국장도감은 장례를 치르는 기간(약 5개월)동안 전체 상례에 대한 재정과 문서 등을 관리하고, 재궁(梓宮, 관), 크고 작은 가마(대여(大轝) 등), 각종 의장(儀仗)을 제작하며, 발인(發靷)을 총괄하는 기관이다.

빈전도감은 염습(殮襲), 성빈(成殯), 성복(成服)에 관한 업무를 하며, 장례 기간 동안 왕이나 왕비의 신주와 혼백을 관리하는 기관이다. 특히 빈전도감은 왕릉을 조성한 후 혼전도감으로 이름이 바뀌어 삼년상 후 종묘에 신주를 모신다(부묘).

 산릉도감은 왕릉을 조성하는 기관으로 건물 및 석물제작, 왕릉 자리 주변 정리 등 능 조성에 필요한 인원 관리 및 감독하는 기관이다. 보통 하나의 능을 완성하는 데에는 약 5개월의 시간이 걸리고, 능역(陵役)에 동원되는 인원은 6천명에서 많게는 1만 5천명 정도가 필요하다.
 능지(陵地)는 보통 상지관(相地官)이 택지하게 되는데, 능지로서 적합한 자리 후보를 선정하고, 새로 즉위한 왕에게 천거하여 왕의 재가를 받아 결정한다. 때로는 왕이 친히 답사하기도 하며, 생전에 미리 능지를 선정하는 경우도 있다.

 - 풍수 사상에 기초
 조선왕릉의 입지는 풍수사상을 기초로 한다. 조선 왕실과 국가의 번영을 위해 자연지형을 고려하여 터를 선정하는 것이 필수적인 사항이었다. 조선왕릉은 기본적으로 지형을 거스르지 않는 원칙을 고수하였기 때문에, 크기나 구성에 있어 자연친화적이며 주변경관과 잘 어우러지는 특징을 가지고 있다.

 조선왕릉은 크게는 도읍지인 한양(현 서울) 주변의 한강을 중심으로 한강 북쪽의 산줄기인 한북정맥과 남쪽의 지형인 한남정맥을 중심으로 택지되었다. 그리고 봉분을 중심으로 한 능침공간은 조선의 풍수사상에서 길지라고 일컫는 사신사(四神砂)가 갖추어진 곳과 잘 부합하게 된다. 이는 배산임수(背山臨水)의 지형을 갖춘 곳으로, 주산(主山)을 뒤로 하고 그 중허리에 봉분을 이루며 좌우로는 청룡(靑龍, 동)과 백호(白虎, 서)의 산세를 이루고 왕릉 앞쪽으로 물이 흐르며 앞에는 안산(案山)이 멀리는 조산(朝山)이 보이는 겹겹이 중첩되고 위요(圍繞)된 곳이다.

왕과 왕비의 시신이 들어있는 현궁(玄宮)이 묻혀있는 봉분은 혈처(穴處)에 위치한다. 혈처는 땅의 기운이 집중되어 있는 곳으로, 봉분이 자리 잡고 있는 언덕(岡)이 땅의 기운을 저장하고 능의 뒤쪽에 봉긋하게 솟아오른 잉(孕)은 그 기운을 주입시켜 주는 역할을 맡아 혈처를 이룬다.

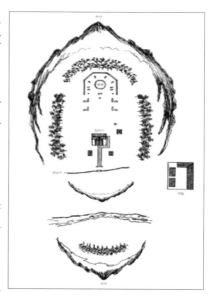

그래서 조선왕릉은 전체적으로 야지(野地)도 아니며 산지(山地)도 아닌 비산비야(非山非野)의 자리에 입지하고 있는 특징을 가지게 되었다. 이것은 야지에 조성되어 있는 신라의 왕릉이나 산지를 선호했던 고려의 왕릉과는 다른 형태이기도 하다.

도성과 가까운 입지조건 - 효(孝)의 실천 왕릉의 입지선정에는 풍수지리 이외에도 지역적 근접성을 고려하는 일이 중요하였다. 즉, 풍수적으로 명당이면서도 왕궁이 있던 도성(한양)에서 크게 벗어나지 않는 곳이 왕릉의 최적지였다. 이와 같이 접근성이 중요한 입지 조건이 되는 것은 후왕들이 자주 선왕의 능을 참배하고자 하는 효심의 실천에서 비롯된 것이다.

- 조선왕릉의 공간구성

조선왕릉은 공간의 성격에 따라 진입공간, 제향공간, 능침공간의 세 공간으로 나눌 수 있으며 각 공간은 상징적 의미를 가진다. 그리고 왕릉은 죽은 자를 위한 제례공간이므로, 동선의 처리에 있어건서도 이에 상응하는 원칙을 적용하고 있다. 죽은 자와 산 자의 동선을 엄격하게 분리하고 죽은 자의 동선만을 능침영역까지 연결시켜 공간의 상징성을 부여하고 있다.

홍살문에서 정자각까지 이어지는 향로·어로에는 산 자와 죽은 자의 동선은 공존하되 구별되어있다. 즉, 산 자는 정자각의 정전에서 제례를 모신 뒤 서쪽 계단으로 내려오고 죽은 자는 정자각의 정전을 통과하여 능침공간으로 올라갈 수 있도록 되어 있다.

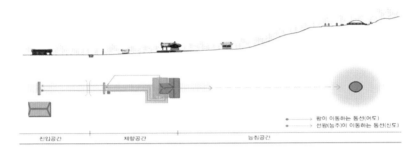

▶ 진입공간 - 능역의 시작 공간

진입공간은 왕릉의 시작 공간으로, 관리자(참봉 또는 영)가 머물면서 왕릉을 관리하고 제향을 준비하는 재실(齋室)에서부터 시작된다. 능역으로 들어가기 전 홍살문 앞에는 금천교(禁川橋)라는 석조물이 있는데 왕과 왕비의 혼령이 머무는 신성한 영역임을 상징한다. 그 밖에 진입공간 부근에는 음양사상과 풍수사상의 영향을 받은 연지(蓮池)를 조성하였다.

▶ 제향공간 - 산 자와 죽은 자의 만남의 공간

제향공간은 산 자(왕)와 죽은 자(능에 계신 왕이나 왕비)의 만남의 공간으로, 가장 중심이 되는 건물은 정자각(丁字閣)이다. 제향공간은 신성한 지역임을 알리는 홍살문[紅箭門]부터 시작된다. 홍살문부터 본격적으로 제향의식이 시작되는 지점이다. 홍살문 옆에는 돌을 깔아 놓은 판위(版位)가 있는데, 참배하러 온 왕을 위한 자리이다. 홍살문 앞부터 정자각까지 이어주는 향로(香路)와 어로(御路)는 박석을 깔아 만든 돌길이다. 홍살문을 기준으로 왼쪽의 약간 높은 길은 향과 축문을 들고가는 길이라 하여 향로라

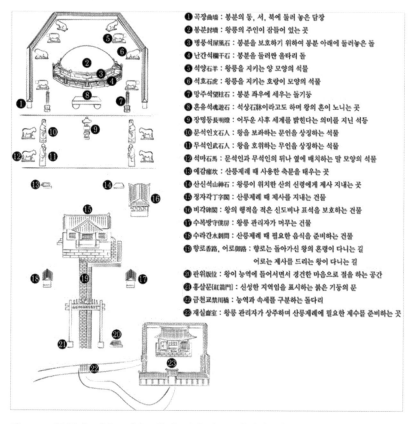

❶ 곡장曲墻 : 봉분의 동, 서, 북에 둘러 놓은 담장
❷ 봉분封墳 : 왕릉의 주인이 잠들어 있는 곳
❸ 병풍석屛風石 : 봉분을 보호하기 위하여 봉분 아래에 둘러놓은 돌
❹ 난간석欄干石 : 봉분을 둘러싼 울타리 돌
❺ 석양石羊 : 왕릉을 지키는 양 모양의 석물
❻ 석호石虎 : 왕릉을 지키는 호랑이 모양의 석물
❼ 망주석望柱石 : 봉분 좌우에 세우는 돌기둥
❽ 혼유석魂遊石 : 석상石牀이라고도 하며 왕의 혼이 노니는 곳
❾ 장명등長明燈 : 어두운 사후 세계를 밝힌다는 의미를 지닌 석등
❿ 문석인文石人 : 왕을 보좌하는 문인을 상징하는 석물
⓫ 무석인武石人 : 왕을 호위하는 무인을 상징하는 석물
⓬ 석마石馬 : 문석인과 무석인의 뒤나 옆에 배치하는 말 모양의 석물
⓭ 예감瘞坎 : 산릉제례 때 사용한 축문을 태우는 곳
⓮ 산신석山神石 : 왕릉이 위치한 산의 신령에게 제사 지내는 곳
⓯ 정자각丁字閣 : 산릉제례 때 제사를 지내는 건물
⓰ 비각碑閣 : 왕의 행적을 적은 신도비나 표석을 보호하는 건물
⓱ 수복방守僕房 : 왕릉 관리자가 머무는 건물
⓲ 수라간水剌間 : 산릉제례 때 필요한 음식을 준비하는 건물
⓳ 향로香路, 어로御路 : 향로는 돌아가신 왕의 혼령이 다니는 길
  어로는 제사를 드리는 왕이 다니는 길
⓴ 판위版位 : 왕이 능역에 들어서면서 경건한 마음으로 절을 하는 공간
㉑ 홍살문紅箭門 : 신성한 지역임을 표시하는 붉은 기둥의 문
㉒ 금천교禁川橋 : 능역과 속세를 구분하는 돌다리
㉓ 재실齋室 : 왕릉 관리자가 상주하며 산릉제례에 필요한 제수를 준비하는 곳

하고, 오른쪽의 낮은 길은 왕이 사용하는 길이라 하여 어로라 한다. 일부 왕릉에서는 향·어로 양 옆으로 제관이 걷는 길인 변로(邊路)를 깔아 놓기도 하였다. 향·어로 중간 즈음 양 옆으로는 왕릉 관리자가 임시로 머무는 수복방(守僕房)과 제향에 필요한 음식을 간단히 데우는 수라간(水剌間)이 있다. 정자가에서 제례를 지낸 후 축문은 예감(瘞坎)에서 태우는데, 정자각 뒤 서쪽에 위치해 있다. 조선전기에는 소전대(燒錢臺)가 그 기능을 하였으나 후에 예감으로 바뀌었다. 그리고 정자각 뒤 동북쪽에는 장방형의 산신석(山神石)이 있는데, 산을 주관하는 산신에게 예를 올리는 자리이다.

▶ 능침공간 - 죽은 자의 공간

능침공간은 봉분이 있는 왕릉의 핵심 공간으로 왕이나 왕비가 잠들어 계신 공간이다. 능침공간 주변에는 소나무가 둘러싸여 있으며, 능침의 봉분은 원형의 형태로 태조의 건원릉을 제외한 모든 능에는 잔디가 덮여있다. 『국조오례의(國朝五禮儀)』에 의하면 '봉분의 직경은 약 18m, 높이는 약 4m'로 조성하게 되어 있으나 후대로 갈수록 줄어드는 경향을 보여 평균 직경 약 11m를 이루고 있다. 능침공간은 3단으로 구성되어 있다.

제1단: 상계(上階)

초계(初階)라고도 하며, 봉분이 있는 단이다. 봉분에는 12면의 병풍석(屛風石)과 난간석(欄干石)을 둘렀으며, 경우에 따라 병풍석을 생략하는 경우와 병풍석과 난간석을 모두 생략하는 경우가 있다. 봉분 주위에는 석양(石羊)과 석호(石虎)가 능을 등지고 있는데, 보통은 네 쌍씩 배치하였으며 능을 수호하는 역할을 한다. 그 외곽으로는 풍수지리의 바람막이와 담장 역할을 하는 곡장이 둘러져 있다. 봉분 앞에는 혼이 앉아서 노니는 공간인 혼유석(魂遊石, 석상(石牀))이 놓여져 있고, 그 좌우에는 기둥 모양의 망주석(望柱石)이 있다.

제2단: 중계(中階)

능침공간의 가운데 단이다. 중계의 가운데 8각 또는 4각의 장명등(長明燈)이 놓여져 있는데, 어두운 사후 세계를 밝힌다는 의미를 지닌다. 그 좌우에는 왕과 왕비를 모시는 문석인(文石人)이 있으며 그 옆이나 뒤에 석마(石馬)가 놓여 있다.

제3단: 하계(下階)

능침공간의 가장 아랫단으로, 왕과 왕비를 호위하는 무석인(武石人)과 석마(石馬)가 놓여 있다. 문치주의를 내세웠던 조선왕조의 특성상 문석인을 무석인보다 한 단 높게 배치하였으나, 영조의 원릉에서부터 중계와 하계의 구분이 없어진 것은 무관에 대한 인식에 변화가 있었음을 짐작할 수 있다.

③ 조선왕릉의 석물사상

조선왕릉에는 화강석으로 만들어진 인물상과 동물상을 비롯하여 봉분의 둘레와 전면에 능주의 영혼을 위한 의식용 석물들을 배치하였다. 조선시대의 왕릉은 음양사상과 풍수지리를 기본으로 하여 신인(神人)과 신수(神獸), 신비한 힘을 지닌 신령한 도구와 상서로운 물건 등으로 꾸며 능실을 보호하고 왕의 영원한 안식의 공간으로 만들고자 했다. 이와 같은 간절한 기원은 왕릉 주위를 장식하거나 주변에 배치된 석조 의례물의 모든 요소에 체계적으로 배어있다. 이것이 조선 왕릉 제도에서 석물의 역할로, 한국인의 내세관과 수호적 성격이 상징적으로 반영되어 있다.

석물은 거의 능침공간에 배치되어 있으며 왕릉으로서 장엄함을 강조하고 주변 경관과 조형적으로도 조화를 이루어 선조(先祖)의 사후 세계를 위한 격조 높은 예술품이라고 할 수 있다. 또한 조선왕조 500여 년 동안 42능에 1300여 점의 조각이 동일한 유형으로 끊임없이 조성되었고 대부분 온전히 보존되어 있어 그 역사적 가치와 예술적 고유성이 매우 높다.

조선시대 예술미의 완전한 보존

조선왕릉의 석물조각은 한국미술사에서는 불교 조각 이외의 조각풍으로 조선시대의 역사와 조각사를 읽을 수 있는 귀중한 자료다. 정해진 규범 속에서 조선시대의 사후세계에 대한 신앙과 조상숭배 사상을 바탕으로 일관되게 표현하였고, 현재까지 거의 훼손(도굴)되지 않고 잘 보존되어 있는 문화유산이다. 조선시대의 왕릉이 오늘날까지 잘 보존될 수 있었던 배경에는 왕과 유택에 대한 존엄성을 지켰던 덕택일 뿐 아니라, 왕릉 조성과 의식 그리고 부장품에 대해 자세히 기록해 둠으로써 도굴로 인한 훼손을 미리 방지하는 지혜가 있다.

이러한 완전한 가치를 가지고 있는 조선왕릉 석물에 대하여 내용적인 특성을 정리하면 다음과 같다.

구 분	특 성
배 치	• 잔디 언덕 위에 조각을 배치하여 자연경관과의 조화 • 모든 조각을 봉분 주변에 집중시켜 화려한 공간 구성 • 모든 배치와 조각을 대칭 구도로 하여 엄숙함 강조 • 석수를 바깥으로 향하게 배치하여 봉분수호의 의미 강조
고유장식	• 병풍석과 난간석 조각으로 잔디 봉분을 장식 • 12지신상 부조를 수관인신(獸冠人身)의 형태로 병풍석에 장식 • 혼유석이 있으며, 이를 고석으로 받쳐 공간에 띄워 놓은 형식 • 망주석의 형태가 독특하며 세호를 장식
예술성	• 오랜 세월에 걸쳐서 동일한 이미지를 반복하여 하나의 형식 창조 • 화강석의 색상과 질감으로 은은하며 신비한 분위기 창출 • 머리를 크게 과장한 인체조각으로 능묘의 수호신상 성격 부여 • 석호의 인상을 한국 민화의 그림과 같이 해학적으로 표현
상징성	• 모든 부분의 석물이 고유의 상징성을 담고 있음 • 석물의 배치를 상징에 맞게 체계적으로 배치
재료와 규모	• 대리석, 석회암, 사암, 화산암에 비해서 영구적인 화강석 사용 • 백성의 피해를 덜기 위해서 사람 크기로 조성하여 애민사상을 보임
역사 / 기록	• 의궤 등을 통한 제작 과정에 대한 기록과 도상이 존재 • 규범서, 역사서, 문집을 통한 다양한 기록 존재
보 존	• '600년 동안 두 번의 큰 전쟁에도 불구하고 보존 상태 양호

④ 조선왕릉의 문화

- 조선왕릉의 제례문화

준비의식 - 궁궐	• 예조에서 제관 선정 • 제례를 행하기 전 임금과 신하가 몸과 마음을 정결히 하는 재계 (산재2일, 치제1일)를 함 • 전교서에서 축문을 작성하고 왕의 서명을 받아 향축을 전달

준비의식 - 왕릉	• 임금의 행렬이 궁궐을 나서서 왕릉에 도착하는 행차 의식(거가출궁) • 제관들이 재실에서 홍살문까지 이동 • 홍살문 앞 전향석(향로 香路)에서 전향축례를 행함 • 제관이 사배하고 손을 씻고 정해진 위치에 나아가는 의식 • 임금이 제향을 행하기 위해 소여(小輿)를 타고 홍살문 앞에 도착하여 소차(小次)로 들어가는 의식
제례의식	• 제례 의식 전 전사관(典祀官)과 능사(陵司)가 제수를 진설하는 의식 • 왕이 정자각의 판위(版位)에 북쪽을 향하여 서는 의식 • 제관이 손을 씻고 정해진 위치에 나아가는 의식 • 신에게 초헌관(왕), 아헌관(왕세자), 종헌관(영의정)이 네 번 절하는 의식 • 왕이 제주를 따르는 것을 살펴보는 의식 • 신을 모시기 위하여 향을 세 번 피우는 의식 • 초헌관이 첫째 잔을 신위전에 올리는 의식 • 축문을 읽는 의식 • 아헌관이 둘째 잔을 신위전에 올리는 의식 • 종헌관이 셋째 잔을 신위전에 올리는 의식 • 신을 보내기 위하여 네 번 절하는 의식 • 제례에 쓰인 축문을 태우는 의식 • 임금의 행렬이 다시 궁궐로 돌아가는 행차 의식 • 전사관과 제관들이 제찬을 거두는 의식

조선시대는 유교 국가로 제사 문화는 국가 행사 가운데 가장 중요한 비중을 차지하였다. 이 때문에 왕을 비롯한 신하들은 물론, 백성에 이르기까지 신성시하여 최선을 다하였다. 제례는 역대 제왕과 왕후에 대한 제사의식을 지칭하는 것으로, 오례의(五禮儀) 가운데 길례(吉禮)에 해당한다. 제례는 속절제(俗節祭)와 기신제(忌辰祭)로 나눌 수 있다. 속절제는 봄, 여름, 가을, 겨울 사계절을 대표하는 날(정월초, 한식, 단오, 추석, 동지, 섣달그믐)과 청명(淸明)날에 각 능에서 모시는 제례를 의미하며, 기신제는 왕이나 왕비가 세상을 떠난 날인 기일에 제를 봉행하는 예이다.

조선 초에는 고려의 영향을 받아 불교식으로 기신제를 모셨지만 세종 15년(1433)부터 유교의식의 예를 정립하고 이를 모든 제례의 기준으로 삼

앉다. 그래서 제례의식은 법식에 따라 경건하고 엄격하게 진행되었다. 제례를 모시기 하루 이틀 전 봉심(奉審)이라 하여 반드시 능이 무고한지 살피는 의식을 먼저 행하고, 제례시 제관들은 검은 뿔모자에 옅푸른 제복을 입고 검은 대와 끈으로 여미며 예화(禮靴)를 착용하고 의식을 행하였다. 그 의식의 내용(친향례 親享禮)을 약술하면 다음과 같다.

제례를 위한 상차림은 종류에 따라 다양하지만 왕릉 제례의 경우에는 간략하게 진설하기도 하였다. 그리고 음식을 담는 제기는 제기고에 보관하여 사용하였다.

진설도 陳設圖

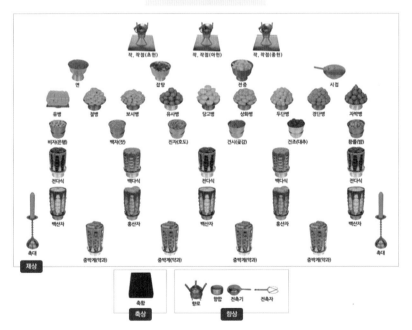

이러한 왕릉 제례는 종묘제례와 사직대제와 같은 국가 차원의 제사와 마찬가지로 조선 후기까지 잘 보존되어 왔고 대한제국 선포 후에는 『국조오

례의』를 보완한 『대한예전』에 따라 천자국(황제)의 제례로 실행하였다. 1910년부터 1945년까지 일제강점기를 거쳐 광복이 되기까지 제례는 지속되어 왔고, 광복 후 혼란기와 한국전쟁으로 인해 10여 년 동안 중단되었다. 이후 1956년 (사)전주이씨 대동종약원이 조직된 후 제례를 복원하고, 1957년 음력 5월 24일에 태조의 건원릉에서 해방 후 첫 제례를 봉행한 이래 현재에 이르기까지 제향을 봉행하고 있다.

- 조선왕릉의 기록문화

조선은 국가 의례로 설정된 흉례(凶禮)에 왕과 왕비의 승하한 순간으로부터 성복과 발인, 견전, 안릉, 우제, 졸곡, 소상, 대상, 담제에 이르기까지 총 27개월에 걸쳐 그 의례가 행해지며, 이후 길례(吉禮)로서 정기적인 제향이 뒤따른다. 왕릉의 조성 과정은 흉례 속에서 규정된다. 조선의 국가 의례인 오례(五禮)는 고려의 『상정고금례(詳定古今禮)』를 기초로 하고 중국의 『정관례(貞觀禮)』, 『개원례(開元禮)』, 송(宋)과 명(明)의 의례서(儀禮書)를 참조하여 만들어진 『세종실록(世宗實錄)』「오례의(五禮儀)」와 성종의 『국조오례의』에서 자세하게 갖추어졌다. 후왕은 위와 같은 의례를 갖추어 선왕의 국장을 치루고 그 능을 조성하여 왕조의 성역이자 역사의 유산으로 남기려는 의지 속에서 이와 관련한 다양한 기록들을 남겼는데, 그 가운데 대표적인 것은 『실록(實錄)』과 『의궤(儀軌)』, 그리고 『능지(陵誌)』라 할 수 있다. 그리고 이 기록문헌들은 오늘날까지 현존하여 조선왕실의 역사는 물론 제례문화에 대한 이해를 도와주는 자료가 된다.

⑤ **조선왕릉 일람표**

대	능 명	능 주	조성 연대	형 태
1	건원릉(健元陵)	제1대 태조고황제	1408년	단릉
	제릉(齊陵)	제1대 태조 원비 신의고황후	1391년 1392년(봉릉)	단릉
	정릉(貞陵)	제1대 태조 계비 신덕고황후	1409년(이장)	단릉

2	후릉(厚陵)	제2대 정종과 정안왕후	왕:1420년 비:1412년	쌍릉
3	헌릉(獻陵)	제3대 태종과 원경왕후	왕:1422년 비:1420년	쌍릉
4	영릉(英陵)	제4대 세종과 소헌왕후	1469년(이장)	합장릉
5	현릉(顯陵)	제5대 문종과 현덕왕후	왕:1452년 비:1513년 (이장)	동원이 강릉
6	장릉(莊陵)	제6대 단종	1698년(봉릉)	단릉
	사릉(思陵)	제6대 단종비 정순왕후	1531년 1698년(봉릉)	단릉
7	광릉(光陵)	제7대 세조와 정희왕후	왕:1468년 비:1483년	동원이 강릉
추존	경릉(敬陵)	추존 덕종과 소혜왕후	왕:1457년 비:1504년	동원이 강릉
8	창릉(昌陵)	제8대 예종과 계비 안순왕후	왕:1470년 비:1499년	동원이 강릉
	공릉(恭陵)	제8대 예종원비 장순왕후	1461년 1471년(봉릉)	단릉
9	선릉(宣陵)	제9대 성종과 계비 정현왕후	왕:1495년 비:1530년	동원이 강릉
	순릉(順陵)	제9대 성종원비 공혜왕후	1474년	단릉
10	연산군묘	제10대 연산군과 거창군부인	왕:1512년 (이장) 비:1537년	쌍분
11	정릉(靖陵)	제11대 중종	1562년(이장)	단릉
	온릉(溫陵)	제11대 중종원비 단경왕후	1557년 1739년(봉릉)	단릉
	희릉(禧陵)	제11대 중종1계비 장경왕후	1537년(이장)	단릉
	태릉(泰陵)	제11대 중종2계비 문정왕후	1565년	단릉
12	효릉(孝陵)	제12대 인종과 인성왕후	왕:1545년 비:1578년	쌍릉

13	강릉(康陵)	제13대 명종과 인순왕후	왕:1567년 비:1575년	쌍릉
14	목릉(穆陵)	제14대 선조와 원비 의인왕후, 계비 인목왕후	왕:1630년 (이장) 원비:1600년 계비:1632년	동원이 강릉
15	광해군묘	제15대 광해군과 문성군부인	왕:1641년 비:1623년	쌍분
추 존	장릉(章陵)	추존 원종과 인헌왕후	왕:1627(이장) 비:1626 1632년(봉릉)	쌍릉
16	장릉(長陵)	제16대 인조와 원비 인렬왕후	1731년(이장)	합장릉
	휘릉(徽陵)	제16대 인조계비 장렬왕후	1688년	단릉
17	영릉(寧陵)	제17대 효종과 인선왕후	왕:1673년 (이장) 비:1674년	동원상 하릉
18	숭릉(崇陵)	제18대 현종과 명성왕후	왕:1674년 비:1684년	쌍릉
19	명릉(明陵)	제19대 숙종과 1계비 인현왕후, 2계비 인원왕후	왕:1720년 1계비:1701년 2계비:1757년	동원이 강릉
	익릉(翼陵)	제19대 숙종원비 인경왕후	1680년	단릉
20	의릉(懿陵)	제20대 경종과 계비 선의왕후	왕:1724년 비:1730년	동원상 하릉
	혜릉(惠陵)	제20대 경종원비 단의왕후	1718년 1720년(봉릉)	단릉
21	원릉(元陵)	제21대 영조와 계비 정순왕후	왕:1776년 비:1805년	쌍릉
	홍릉(弘陵)	제21대 영조원비 정성왕후	1757년	단릉
추 존	영릉(永陵)	추존 진종소황제와 효순소황후	왕:1728년 비:1751년 1776년(봉릉)	쌍릉

추존	융릉(隆陵)	추존 장조의황제와 헌경의황후	왕:1789년 (이장) 비:1815년 1899년(봉릉)	합장릉
22	건릉(健陵)	제22대 정조선황제와 효의선황후	왕:1821년 (이장) 비:1821년	합장릉
23	인릉(仁陵)	제23대 순조숙황제와 순원숙황후	왕:1856년 (이장) 비:1857년	합장릉
추존	수릉(綏陵)	추존 문조익황제와 신정익황후	왕:1855년 (이장) 비:1890년	합장릉
24	경릉(景陵)	제24대 헌종성황제와 원비 효현성황후와 계비 효정성황후	왕:1849년 원비:1843년 계비:1904년	삼연릉
25	예릉(睿陵)	제25대 철종장제와 철인장황후	왕:1864년 비:1878년	쌍릉
26	홍릉(洪陵)	대한제국 1대 고종태황제와 명성태황후	제:1919년 후:1919년 (이장)	합장릉
27	유릉(裕陵)	대한제국 2대 순종효황제와 원후 순명효황후와 계후 순정효황후	제:1926년 원후:1926년 (이장) 계후:1966년	합장릉

2) 세계유산 등재 사유

① 세계유산 등재 신청의 기준

조선왕릉은 유네스코 세계유산협약에서 정하고 있는 10가지의 보편적인 가치 기준 가운데 아래의 세 가지 기준을 충족하였다.

Criterion (iii) 자연친화적 독특한 장묘 전통

문화적 전통 또는 살아 있거나 소멸된 문명에 관한 독보적이고 특출한 증거가 되어야 한다. 이와 관련하여 조선왕조 특유의 세계관, 종교관 및 자연관에 의해 타 유교 문화권 왕릉들과 다른 자연친화적인 독특한 장묘 문화를 보여준다.

Criterion (iv) 인류 역사의 중요한 단계를 잘 보여주는 능원 조영과 기록문화

인류 역사의 중요한 단계를 보여주는 건조물의 유형, 건축적 또는 기술적 총체 또는 경관의 탁월한 사례이어야 한다. 이와 관련하여 5백년 이상 지속하여 만들어진 조선왕릉은 당대의 시대적 사상과 정치사, 예술관이 압축적으로 나타나 있으며 공간구성과 건축물과 석물 등이 가지고 있는 예술적 독창성이 뛰어나다.

Criterion (v) 조상숭배의 전통이 이어지고 있는 살아있는 유산

탁월한 보편적 중요성을 보유한 사건 또는 살아 있는 전통, 사상, 신념, 예술적/문화적 작품과 직접 또는 가시적으로 연계되어야 한다. 이와 관련하여 국가 제례가 정기적으로 이어지고 있고, 왕의 신위를 모시고 제례를 지내기 위한 공간인 종묘가 설립되어 조상숭배의 전통이 이어져 오고 있다.

② 세계유산으로서의 조선왕릉

- 조선왕릉의 조형 예술적 가치

조선왕릉은 전체 형태나 석물의 예술적 표현에서 고유한 가치를 찾을 수 있다. 중국이나 일본의 능묘와 견주어 알 수 있듯이 조선왕릉의 봉분 축조방식이나 각종 석물배치는 주변 나라에서 볼 수 없는 독특한 요소들로 이루어져 있다.

특히 문무석인의 조형이나 병풍석과 난간석은 조선왕조 조형예술에서 달성한 독특한 경지를 잘 보여준다.

또한 홍살문에서 향로·어로를 따라 이어지는 정자각의 단순하면서 절제된 건축 형태는 조선왕릉에서만 경험할 수 있는 엄숙하고 독특한 조형 세계이다.

- 풍수 이론에 대한 고유한 해석

풍수 이론에 대한 조선 고유한 해석과 적용도 조선왕릉이 보여주는 문화적 특징이다. 조선왕릉에 적용된 풍수 이론은 한반도의 지리 특성이 고려된 조선 고유한 방식으로 구현 되었다. 중국처럼 지리적 약점을 인공적인 구조물로 보완하려는 방식 대신에 자연지형을 최대한 살리면서 그 조건에 구조물을 맞추어나가는 자연친화적인 방식을 선택하여 그 가치와 독창성을 더한다.

- 조선왕릉과 함께 하는 기록 문화

조선왕릉과 관련한 풍부한 기록물 역시 주목할 가치이다. 능원을 조성하면서 작성한 산릉도감의궤는 석물의 배열이나 정자각의 조성과정은 물론 산릉조성을 위해서 흙을 지어 나르는데 참여한 단순노역자의 이름까지 작성한 모든 문서가 남아있다. 산릉도감의궤는 왕릉이 만들어졌을 때의 모든 내용을 기록으로 전하고 있다. 따라서 설령 왕릉 중 일부가 불의의 사고로 훼손되거나 본래 모습을 상실했다고 해도 이들 의궤를 통해서 원래 모습으로 복구하는데 결정적인 근거가 된다. 산릉도감의궤라는 뛰어난 기록물이 있음으로써 조선왕릉은 그 물리적 진정성을 견지할 수 있으며 이것이 조선왕릉이 갖는 고유한 가치의 또 다른 면이다.

- 6백년을 이어온 왕실의 제례

1910년 조선왕조가 막을 내렸을 때 왕릉의 제례 역시 더 이상 지속되기 어려운 여건에 처했다. 그러나 전주이씨 대동종약원이 어려운 소임을 맡아서 제례를 계속해 나갔으며 그것은 21세기에 접어든 지금까지 이어지고 있다. 전주이씨 대동종약원은 왕릉 제례 외에도 종묘제례도 주관하면서 조선왕조의 무형적인 문화전통을 계승하고 있다.

조선왕릉

2009년 유네스코 세계유산에 등재된 '조선왕릉'은 우리나라에 소재한 40기의 조선시대 왕릉으로 구성되어 있다.

조선왕조(1392~1910)는 태조에서 마지막 순종에 이르기까지 519년간 이어져 왔다. 왕위에 올랐던 27명의 왕과 그 왕비뿐 아니라 사후 추존된 왕과 왕비가 묻힌 총 42기의 왕릉이 있으며, 이 중 40기는 대한민국에, 2기는 북한에 위치해 있다.

조선시대의 왕릉은 조선시대의 국가통치 이념인 유교와 그 예법에 근거하여 시대에 따라 다양한 공간의 크기, 문인과 무인 공간의 구분, 석물의 배치, 기타 시설물의 배치 등이 특색을 띠고 있다. 특히 왕릉의 석물 중 문석인, 무석인의 규모와 조각양식 등은 예술성을 각각 달리하며 시대별로 변하는 사상과 정치사를 반영하고 있어서 역사의 흐름을 읽을 수 있는 뛰어난 문화유산에 속한다.

조선시대의 왕릉은 하나의 우주세계를 반영하도록 조영되었다. 능역의 공간은 속세의 공간인 진입공간(재실, 연못, 금천교), 제향공간(홍살문, 정자각, 수복방), 그리고 성역공간(비각, 능침공간)의 3단계로 구분되어 조성되었는데, 이는 사후의 세계관을 강조하는 것이다.

조영 당시부터 계획적으로 조성되고 엄격하게 관리된 왕릉 내부와 주변의 녹지와 산림은 당시에도 주요한 생태계로 작용하여 왔으며, 특히 도시화가 고도로 진행되고 있는 현대 한국의 대도시 서울 주변 지역의 생태적 안정성과 종 다양성을 보장하는 주요한 생태계로서 그 중요성이 더욱 부각되고 있다.

조선시대의 능원은 600여년이나 되는 오랜 기간 동안 통치한 왕조의 능원제도의 특징을 갖고 있으며, 시대적 흐름에 따른 통치철학과 정치상황을 바탕으로 능원공간 조영 형식의 변화, 관리공간 영역의 변화, 조형물 특성의 변화 등을 잘 반영하고 있는 독특한 문화유산이다.

현재 전주이씨대동종약원에서 시행하고 있는 산릉제례는 조선왕조 600여 년 동안 지속적으로 유지되어 왔는데, 이는 조선시대의 대표적 사상인 유교의 충과 효를 상징하는 예제의 집결체라고 할 수 있는 것으로서, 조선왕조가 멸망한 후 오늘날까지 왕실 후손들에 의해 계속되고 있는 한국만의 독특한 문화유산이다.

2. 서울의 허파 태릉 연지(蓮池) 의미와 생태학 가치

1) 환경론 VS 개발론 첨예한 대립

맹꽁이는 2005년 멸종위기Ⅱ급으로 지정된 이후 3차례 갱신 절차를 거쳤지만, 여전히 굳건한 '지위(?)'를 지키고 있다. 맹꽁이는 전국적으로 분포하고, 주로 서해안 일대에서 자주 되는데, 갯벌 매립지가 많은 이곳엔 인공하천이 조성돼 있고, 지대도 낮아 맹꽁이가 서식하기에 알맞기 때문이다. '원형지가 아닌 매립지에서 발견된 맹꽁이도 보호를 해야하나'는 논란이 나오지만 똑같이 보호 대상이다.

한 생태 전문가는 "맹꽁이가 발견되기 좋은 매립지, 서해안 저지대는 평지이고, 흙으로 조성돼 사람이 개발하기도 좋다는 특징이 있다"며 "사람들이 공사장에서 맹꽁이가 자주 발견된다고 느끼는 이유"고 설명했다. 맹꽁이는 장마철에 간헐적으로 조성된 습지에서 산란하고, 가을부터 이듬해 초여름까지 땅속에서 생활하는 습성 탓에 평소엔 발견하기 쉽지 않다는 설명이다.

국립생태원 멸종위기종복원센터에 따르면 맹꽁이는 거제도, 진도 등을 제외한 전국에 분포한다. 센터는 주기적으로 자주 출몰하는 지역의 개체 수를 측정하고 분포지역을 파악한다. 정확한 개체 수에 대한 근거는 없는 셈이다. 2011년 환경부는 맹꽁이 등 18종의 동식물을 검토를 거쳐 법정 보호종 해제 여부를 결정하겠다는 '해제후보종'으로 지정했다가 환경단체의 거센 반발에 부딪혀 철회했다. 올해 멸종위기종을 갱신하는 공청회에서도 맹꽁이를 보호종 Ⅱ급으로 유지하는 것으로 결론난 것으로 전해졌다.

최근 맹꽁이는 학교, 아파트 수로, 심지어는 하수도에서도 발견되고 있다. 터파기 도중에 발견되는 '유물'에 긴장하는 건설업체들 사이에서 '이젠 맹꽁이가 더 걱정'이라는 얘기가 나오는 이유다. 하지만 환경단체의 반발 앞에서 공개적으로 목소리를 내기 힘들다.

야생동물유전자원은행 소속의 민미숙 서울대 교수는 "'개발' 아니면 '파괴'라는 논리가 첨예하게 대립하고 있어 해결책이 별로 없는 건 맞다" 면서도 "주변에 최대한 원형과 가까운 서식지를 마련해주고 모든 이해관계자들이 보존을 위한 노력을 다하는 게 최선의 방법"이라고 말했다. 박용수 국립생태원 멸종위기종복원센터 복원정보팀장은 "모니터링 결과에 따르면 전국 맹꽁이 분포지역은 5년 전에 비해 소폭이지만 줄고 있다"며 "재개발에 반대하는 사람은 머리띠를 두르고 시위할 수 있지만, 맹꽁이는 스스로 대변할 수 없기에 인간의 보호가 필요하다."고 했다.

2) 맹꽁이에게 부끄러운 태릉골프장 개발

서울 태릉 공공주택지구 지정을 위한 전략환경영향평가서 초안이 제출되고 지난 3월 주민설명회가 열리면서, 정부와 주민들 사이 심각한 불신과 갈등이 심화하고 있다.

노원구 공릉동 태릉골프장 모습

지난해 정부는 미래세대를 위해 그린벨트 보전이 필요하다면서도, 주택 공급을 위해 국방부 소유 태릉골프장 포함 총 87만5천㎡ 부지에 6800가구의 아파트를 짓겠다는 계획을 밝혔다.

한국토지주택공사(LH)가 공공주택지구 지정을 추진하고 있는 태릉골프장은 전 지역이 그린벨트로 지정돼 있고, 도시기본계획상 보전용지이자 도시관리계획상 자연녹지이며, 군사시설 보호구역이자 고도제한구역이다. 또 조선 11대 왕인 중종의 두번째 계비인 문정왕후 윤씨의 무덤인 태릉과 13대 왕 명종과 인순왕후 심씨가 묻힌 강릉이 가까이 있고, 왕릉에 딸린 연못인 연지와 대소하마비, 외금천교, 홍살문 등 조선왕릉의 문화유산이 여럿 산재해 있어 부지의 12.6%가 문화재보호구역으로 지정돼 있다.

주민들은 정부의 고밀도 아파트 단지 조성 계획이 현실화하면 조선왕릉이 유네스코 세계문화유산으로서 가치가 떨어질 것을 우려한다. 아파트 숲이 들어서면 태강릉의 안산인 구릉산 등이 가려지게 돼 조선왕릉의 풍수사상 체계에 역행한다는 것이다.

더 큰 문제는 환경영향평가의 절차가 정당성이 부족하다는 점이다.
엘에이치는 2021년 10월 환경영향평가법에 따른 전략환경영향평가서 초안을 근거로 서울 태릉 공공주택지구 지정 제안서에서 해당 부지 중 생태자연도 1등급은 없고, 2등급은 1.5%, 개발이 가능한 3등급이 98.5%라고 밝혔다. 보존가치가 없는 땅이 98.5%나 되니 개발을 강행하겠다는 논리였다. 그런데 지역 환경 전문가들은 "태릉 부지 가운데 육사와 인접한 1.5%만 생태자연도 2등급으로 분류됐고, 나머지 98.5%는 등급을 분류해 본 적이 없는 미분류지"라고 맞서고 있다.

환경부에서 고시한 생태자연도를 확인해 본 결과, 실제 태릉골프장 98.5%가 미분류지였다. 또한 전략환경영향평가서 현지조사 결과, 하늘다람쥐, 새매, 삵, 맹꽁이 등 멸종위기종 4종과 원앙과 황조롱이 등 천연기념물 2종이 서식하고 있는 사실이 확인됐다. 서울 도심에 법정 보호야생동물 6종이 서식한다는 것은 놀라운 일이다. 또 멸종위기종이 서식하는 곳은 생태자연도 1등급으로 분류하도록 법령에 정해져 있으니, 태릉골프장부지는 자연환경보전법에 따라 보전해야 할 1등급 권역에 가깝다고 해도 무리가 없다.

엘에이치 쪽은 아파트를 짓기 위해 맹꽁이들을 포획해 다른 곳으로 이주시키고 포획하지 못한 맹꽁이들은 탈출할 수 있도록 배수로를 설치하겠다고 한다. 맹꽁이들에게 1등급지에 해당하는 삶의 터전을 3등급지 땅이라고 우기며 내쫓고 있는 셈이다. 개발해야 한다면 환경부가 생태자연도 등급 분류를 한 다음, 환경영향평가 계획을 수립하는 적법한 절차를 거쳐 개발의 타당성을 입증해야 한다. 엘에이치는 설명회에서 주민 요청 땐 공청회를 개최하겠다고 약속해 주민 100여 명이 요청서를 제출했으나, 아직까지 아무런 소식이 없다고 한다.

그린벨트는 산소 공급, 온실가스와 미세먼지 저감, 열섬 현상 완화, 난개발 방지, 생물다양성 확보 등 그 가치가 무궁무진하다. 과거에 가치 없다며 갯벌을 마구 매립해 쌀을 생산했지만, 오늘날 갯벌은 미래의 먹거리요 환경오염의 정화공장이며 소중한 생태환경의 보고임이 밝혀졌다. 그러나 이미 간척돼 사라진 갯벌은 다시 되돌릴 수 없다. 태릉골프장부지에 아파트를 짓고 나면 갯벌 매립과 똑같은 일들이 벌어질 수 있다. 태릉골프장을 도심 속의 생태공원으로 조성해 맹꽁이들의 합창 소리를 듣고 싶은 소망은 필자 혼자만의 꿈이 아니기를 바란다.

3) 태릉골프장의 생태 문화적 가치와 시민 생태문화공간으로의 활용

태릉골프장은 1966년 육군사관학교 생도의 훈련용 부지를 대통령의 지시에 따라 육사 전용 골프장으로 바꾸어 9홀(현재 18홀)로 개장하였고, 1971년 그린벨트로 지정되어 관리되어 오고 있다.

태릉골프장이 사회적 이슈로 등장한 것은 2020년 정부가 8.4 부동산대책을 통해 태릉골프장을 주택으로 개발하겠다고 발표하면서부터이다. 개발에 대한 발표 후 즉시 시민사회단체와 지역주민들은 지역의 과도한 개발과 교통문제, 생태적 중요성, 태릉 왕릉 세계문화유산 영향 등을 문제로 반대하고 있으며, 태릉골프장이 그린벨트(개발제한구역)이고 그린벨트는 보존한다는 대통령 공약에 반한다는 주장으로 반대의견을 제시하고 있다.

국회와 시민단체에서는 정밀한 현장조사를 요구하였고, 2020년 9월에 환경생태전문가들과 지역주민 등이 골프장 운영시간 중 짧은 시간 동안 현장조사를 실시하였다. 현장조사는 도시생태현황지도(비오톱 지도) 조사와 주요 야생동물조사, 태릉의 시각적 경관영향조사를 실시하여 도시생태적 가치, 생물서식처 가치, 도시공원녹지 가치, 역사문화적 가치를 검토하였다.

도시생태적 가치는 도시생태현황지도(비오톱 지도)를 작성하여 서울시의 도시생태현황 등급을 산정하여 평가하였다. 서울시는 1998년부터 2000년까지 생태도시 서울을 위한 기초자료로 비오톱 지도를 작성하였고, 각종 개발에 대한 생태적 검토의 근거자료로 활용하고 있다. 비오톱 지도는 도시생태학에서 도시의 생태적 문제를 검토하는 요소인 에너지 순환(토지이용과 밀도), 물순환(불투수 포장), 생물다양성(현존식생) 측면에서 지도 작성과 지도에 대한 생태적 요소를 작성하는 방법이다. 현재 비오톱 지도는 환경부의 자연환경보전법에 의해 30만 이상의 도시는 작성을 의무화하고 있다. 비오톱 등급은 5개 등급으로 구분하고 1등급은 생태적으로 가장 우수한 등급이며, 5등급은 가장 낮은 등급이다.

태릉골프장은 보존 가치가 높은 비오톱 1등급이 골프장 전체면적 737,250㎡의 25.5%를 차지하여, 전체면적의 1/4이 생태적으로 보존 가치가 높은 대상이었다. 비오톱 1등급의 구성을 살펴보면 자연 소나무림이 112,482㎡로 1등급 전체의 약 60%이었고, 자연 낙엽 참나무류림이 14.4%, 자연 수면이 14.4%, 습지 6.0%, 기타 자연 낙엽 활엽수림이 5.3%이었다.

소나무림은 과거 태릉골프장 개발 이전 태릉영역에 생육하던 수목으로 수령이 85~200년 되는 오래된 수목이었다. 태릉의 소나무도 유사한 수령으로 구성되어 있다. 자연 수면 역시 태릉의 연지(蓮池)를 그대로 유지하고 관리한 것으로 생태적인 호수로 관리하고 있었다. 낙엽참나무류림은 골프장 경계부에 과거에 생육하던 식생을 보존한 것이다. 태릉골프장의 비오톱 등급 1등급은 태릉골프장 조성 이전부터 존재하던 자연생태계로 85년에서 200년에 이르는 오랜 기간 동안 보존 관리된 가치가 높은 생태계이다.

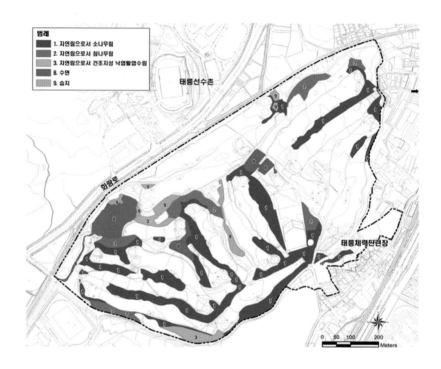

생물서식처 가치는 야생조류와 일부 양서류 등을 조사하였다. 야생조류
는 19종 179개체가 관찰되었다. 원앙과 흰뺨검둥오리, 왜가리, 쇠백로 등
물새, 오색딱다구리 등 딱따구리류 3종, 박새류 등 일반 산새들이 다양하
게 관찰되었다. 물새와 산새가 다양하게 관찰된 것은 오래된 숲과 생태적
인 호수가 있기 때문이며, 특히 천연기념물 제327호로 지정된 원앙 60개
체가 집단 서식하였다. 원앙은 물에서 생활하고 큰 나무 줄기 구멍에서
알을 낳는 특성이 있다. 이는 태릉골프장에 있는 생태적 호수와 큰 나무
가 있는 태릉숲의 생태적인 연결성을 나타내는 지표라 할 수 있다.

기타 중요한 종으로는 환경부지정 멸종위기야생생물 2급인 맹꽁이가 관찰되었고, 천연기념물 제328호인 하늘다람쥐가 서식하는 것을 골프장 관리자의 청문으로 조사되었다. 맹꽁이는 습지가 있기 때문이었으며, 하늘다람쥐는 서울 산림에서는 저음 관찰된 희귀종이다. 태릉골프장의 생물서식처 기능은 생태적 습지와 큰 수목을 서식처로 하는 희귀종이 집단으로 서식하고 있는 것을 통해 알 수 있으며, 생태적으로 태릉과 연결되는 생태축으로서 기능을 하고 있다.

원앙과 맹꽁이

도시공원녹지로서의 가치는 태릉골프장은 나무와 풀 종류의 식생으로 피복되어 공원녹지로서의 기능을 하고 있다. 특히 녹지로서의 기능 중 환경오염물질 저감, 도시온도 저감 등 도시환경적 측면에서 중요한 기능을 하고 있다.

현재 서울시 동북쪽에 위치한 중랑천과 외곽 산림으로 연결되는 바람길로서, 도심에서 발생한 미세먼지 등 오염물질을 확산하고 외곽 산림의 찬공기를 도심으로 연결하는 역할을 하고 있다. 면적상으로 서울에 있는 주요 공원녹지인 올림픽공원의 절반, 여의도공원의 3.2배, 서울숲의 약 1.7

배 정도로 중요한 도시환경 개선기능을 하고 있다고 볼 수 있다.

역사문화적 가치는 조선왕릉 태·강릉과 연관되어 있다. 태릉은 문종의 어머니 문정왕후의 무덤으로 1565년(명종 20년)에 조영되었으며, 강릉은 명종의 무덤으로 조영되었다. 왕릉은 조선왕릉 전체가 2009년 유네스코 세계문화유산으로 등재되어 관리되고 있다. 태릉의 모습은 일제 강점기 지형도상으로는 1931년까지는 원형이 보존되고 있었으며, 태릉골프장은 현재 호수인 연지 등이 위치한 태릉의 권역이었다. 태릉과 주변 변화를 살펴보면 태릉 서쪽은 1946년 군사영어학교가 현재 육사 위치에 이전하고 1948년 9월 5일 국군창설과 함께 육군사관학교로 개명하여 현재에 이르고 있다.

동쪽은 1949년 강릉 동쪽이 삼육신학대(현 삼육대학교)에 매각되면서 축소되었다. 1966년에는 태릉국가대표 선수촌이 310,696㎡면적으로 조성되어 태릉과 강릉이 지리적으로 나누어졌으며, 같은 해 태릉골프장이 개장하면서 남쪽의 모습이 현재의 모습이 되었다. 태릉골프장은 태릉권역이었으며, 세계문화유산으로서 가치가 있다. 태·강릉이 유네스코 세계문화유산으로 등재되면서 태릉선수촌에 의해 훼손된 부분을 복원할 것을 권고받아 기능은 진천선수촌으로 이전하였지만 부지는 현재 남아 있다. 태릉골프장은 연지를 포함한 태릉과 관련된 문화재의 복원이 필요하며, 문화재 심의 규정상 가시권 영향범위 내에 있어 개발시 문화재 심의가 선행되어야 할 뿐만 아니라 경관적 보존이 필요한 지역이다.

태릉골프장은 도시생태적으로 보존가치가 높은 85년 이상 된 소나무 숲과 생태호수 등 비오톱 1등급이 25% 정도 분포하며, 천연기념물 제327호 원앙이 60마리, 제328호 하늘다람쥐, 멸종위기 야생생물 2급 맹꽁이 등 희귀한 동물이 서식하고 있다. 더불어 도시공원녹지 측면에서는 서울의 대형공원과 유사한 면적의 도시환경개선 기능을 수행하고 있다. 역사문화적 측면에서는 세계문화유산인 태릉의 권역이었으며, 현재 개발 시 문화재에 영향을 줄 수 있는 왕릉의 시각적 경관영향권이다.

이상의 가치를 고려한다면 태릉골프장은 그린벨트이고, 태릉의 권역으로서 주택개발보다는 태릉과 연결된 역사문화공간과 생태적으로 연결된 생태공간으로 유지하고 지역 주민들의 자연 휴양공간으로 활용되는 것이 타당할 것이다. 서울에서 골프장을 공원녹지로 조성한 사례는 현재 용산가족공원과 어린이대공원이 있다. 태릉골프장이 시민 생태문화공간으로서 활용되어 다양한 가치가 지켜질 수 있다면 경춘선공원과 연결되어 중랑천으로부터 시작되는 서울 동쪽의 바람길 형성, 도시환경개선에도 기여할 것이다.

3. 태릉 연지 보존 촉구 활동

1) 국회 연지 보호 활동

○ 위원장

아파트 1만 호 공급에서 6800호로 축소했지만 해당 부지에 6800호 아파트 지으려면 고층아파트는 불가피할 것이고 그에 따른 경관 훼손은 불 보듯 뻔하다고 저는 생각합니다. 그래서 문재인 정부가 아파트 공급에만 열을 올리지 정작 문화재 관련에 대해서는 너무 등한시한다, 저는 그렇게 보는 겁니다.

작년 국정감사에서 문화재청은 미래세대에 전해야 할 문화유산을 완전하게 원형으로 보존하겠다고 그렇게 답변했습니다. 특히 태릉과 강릉의 연지, 연못으로 추정되는 곳이 개발 예정 부지에 포함되어 있습니다. 조선왕릉의 구성 요소 중 하나인 연지도 미래세대에 전해야 할 문화유산인데 문화재청은 등재 12년이 지나도록 연지 발굴조사를 안 하는 이유가 도대체 무엇입니까?

발굴조사도 안 하고 보존지침도 안 만드니까 유네스코에서 연지 복원 및 발굴 내용을 담은 유산영향평가를 실시하라고 한 것 아닙니까?
저는 우리나라로서는 매우 부끄러운 일이 아닐 수 없다. 그렇게 생각합니다. 당연히 지금 주택 공급도 중요하지만 우리가 선조들께 물려받은 소중한 문화유산을 보존하고 복원해서 후손들에게 물려주는 것이 더 중요하다, 저 위원장은 그렇게 생각하고 있습니다.

본 위원장의 생각에 대해 청장님은 어떻게 생각하는지 제가 답변을 듣고 싶고요. 또한 국토부 홈페이지에 들어가면 태릉지구 조감도가 나와 있습니다. 그걸 보면 태릉지구 사업 대상지에 세계유산 완충지역이 포함된 것은 물론이고 앞쪽에는 저층아파트를 배치했지만 멀어질수록 고층아파트가 태릉CC 부지를 채우고 있습니다.

제가 국회 국방위원회에 있을 때도 태릉지역은 질대 아파트를 지으면 안된다, 서울 시민의 허파와 같은 지역이고 서울의 바람길이다, 또한 태릉은 호국의 성지로 우리가 앞으로 후손들에게 길이 남겨줘야 할 부지이지 이 부분을 아파트로 짓는 것은 절대 안 된다고 하는 부분을 지적했습니다마는 본 위원장은 문화재청이 하루빨리 유네스코에서 권고한 완충구역 보존 지침을 즉각 수립하고 유산영향평가를 실시해서 평가 결과를 토대로 태릉 지구 개발계획을 국방부 또 국토부 등 유관기관과 협의를 해야 된다, 대통령 말 한마디에 문화재청장이나 국방부나 국토부가 전혀 기관 입장도 없이 이렇게 대규모 아파트 개발에 앞장서는 것은 참으로 우리가 역사를 생각하지 않는 단견이다, 이렇게 저는 보는 겁니다. 한번 종합적으로 답변을 해 보세요.

○ 문화재청장

먼저 태릉의 연지는 현재 완충구역에 포함되어 있지 않은 사유지입니다. 여기에 골프장을 포함한 이 부지에 대규모 아파트가 들어서는데 아직은 국토부에서 지구단위 계획이 확정이 안 되고 주민들 공람 상태인데, 현재 단계에서 저희는 국토부에 말씀하신 연지 부분은 발굴이 필요하다. 그리고 태·강릉에서 바라볼 때 경관 측면에 대한 고려가 필요하다 이런 기본적인 우려를 전달을 해 놓은 상태고요. 국토부에서 구체적인 지구단위 계획이 넘어오면 그 절차에 따라 저희가 문화재 보호에 최선을 다하도록 그렇게 조치를 하겠습니다.

○ 위원장

거듭 말씀드립니다마는 문화재청장은 문화재 보존에 대한 확고한 신념을 갖고 청와대 등 관련 기관과 또 국방부, 국토부와 서울시 또 그 지역의 주민들의 의견을 종합적으로 판단해서 이런 중요한 결정을 할 때는 꼭 우리 상임위에도 보고를 하고 종합적인 판단을 하시기를 제가 분명히 공식적으로 밝혀 드립니다.

아무리 급하더라도 태릉 또 강릉지역의 완충구역 보존지침을 조속히 만들어서 문화재청장은 문화재 보존 의지를 확실히 표명을 해 주실 것을 제가 강력히 요청하는 것입니다.

【궁능유적본부】

○ 태릉의 봉분에서 지금 개발계획지구에 아파트가 들어서면 1만 세대가 들어선다고 하는데, 최소 35층 초고층 아파트가 들어서면 유네스코에서 원하는 경과 보존의 시선 확보가 충족되지 않음을 지적

○ 세계문화유산 지정에 관해 계속해서 지속하기 위한 가장 중요한 두 가지 조건은 경관 보존 즉, 시야를 가리는 아파트 등이 들어서면 안 되고, 두 번째는 도로 건너편에 있는 연지를 잘 보존하는 것임을 지적

○ 문화유산의 완전한 원형 보전이라는 조건을 충족시키지 못하면 세계유산에서 탈락한 경우도 있었기 때문에 각별한 관심과 노력이 필요함을 지적

○ 태릉골프장 개발 관련 문화재 주변 건축행위 제한에 대해 제기된 민원 대부분이 태릉골프장 개발 반대 내용이며, 태릉골프장 중심으로 많은 유적들이 분포되어 있고, 심지어 천연기념물 원앙 등이 서식하고 있어 생태적 보존 가치도 높음을 지적

○ 문화유산을 훼손시키더라도 태릉골프장에 아파트 단지를 짓겠다는 정부의 강력한 의지가 있는데, 국가대표 태릉선수촌도 강력한 의지로 문화재 등록에 힘써줄 것을 제안

○ 태릉골프장에 아파트 들어서는 것과 관련 문화재청은 문화재보호차원
에서 적극적인 입장을 표명해야 함을 지적

○ 문화재청이 문화유산의 현장 취지에 맞게 문화재를 잘 보존하고 관
리하는데 최선을 다하고 있는지, 국민들이 올해 문화재청에 '문화재
주변 건축행위 제한'에 대해 제기한 민원 대부분이 태릉골프장 개발
반대 내용이라는 사실에 대해 알고 있는가에 대하여 질의

○ 많은 유적들 한가운데 약 1만 가구의 아파트가 들어서게 되는 문제
가 있고, 유네스코에 제출한 계획대로 서울 태릉과 강릉의 복원사업
을 충실히 이행해야함을 지적

○ 현재 태릉골프장 북측에 위치한 태릉연지부지 발굴조사를 실시해 문
화재에 편입시키면 역사문화환경 보전지역과 세계유산 완충구역구간
이 변경되어 세계유네스코 유산인 태릉과 강릉을 더욱 더 보존할 수
있는 범위가 확보되니, 시급히 연지부지에 .대한 발굴조사를 실시할
필요가 있음을 지적

○ 태릉 개발 관련 가장 중요한 것은 유네스코가 지정한 세계문화유산
을 상위에 놓아야 된다고 보는데, 이에 대한 문화재청의 입장을 정
리하여 종감 전까지 보고할 것

○ 태릉골프장 북쪽에 위치한 태릉 연지 부지를 발굴조사해서 문화재에
편입시키면, 역사문화환경 보존지역 및 세계유산 완충구역이 변경되
어 태릉과 강릉을 보존할 수 있는 범위가 확대될 수 있으니 연지 부
지에 대한 발굴조사 실시를 조속히 검토할 것

2) 서울시 의회 태릉 연지 보호 활동

서울시의회, 세계유산 태릉 완충구역인
연지 보존대책 수립 촉구 결의

- 박환희 서울시의원, 태릉의 연지(蓮池)를 세계유산 완충구역으로 지정하고, 완충구역 보존지침 및 세계유산영향평가제도 도입 촉구 결의!!

□ 서울시의회 박환희 운영위원장(국민의힘, 노원2)은 9월 21일(수) 개최된 제314회 임시회 제2차 문화체육관광위원회에서 '세계유산 태릉의 완충구역인 연지에 대한 보존대책 수립 촉구 결의안'을 심의·의결했다고 밝혔다.

□ 결의안의 주요 내용은 다음과 같다
- 첫째, 문화재청은 세계유산으로 지정된 문화재를 보존하기 위하여 유네스코에서 권고하고 있는 세계유산영향평가 및 문화유산영향가제도를 조속히 도입해야 할 것임. 특히, 이러한 제도를 '세계유산의 보존·관리 및 활용에 관한 특별법'에 반드시 명시해야 할 것임.

- 둘째, 문화재청은 세계유산 등재 시 유산의 효과적인 보호를 위해 설정된 주변 구역인 '완충구역'의 보존을 위한 보존지침을 조속히 제정해야 할 것임. 이는 2020년, 2021년 국회 문화체육관광위원회 국정감사에서 문화재청장이 약속한 사항임.

- 셋째, 문화재청은 세계유산인 태릉을 보호하기 위해 연지(蓮池)를 완충구역으로 조속히 지정하고 보전계획을 수립해야 할 것임. 이는

2020년, 2021년 국회 문화체육관광위원회 국정감사에서 문화재청장이 약속한 사항임.

- 넷째, 문화재청은 우리나라에서 현재까지 지정된 세계유산(15개)에 대해 전면적으로 세계유산영향평가를 실시하고, 보존계획을 조속히 추진해야 할 것임.

□ 박환희 위원장은 "약 500년 동안 조선왕릉을 보호하는 완충역할을 하는 연지(蓮池)는 배산임수의 풍수사상, 왕릉 방재 기능 뿐만 아니라 조선왕릉이 뒤틀리지 않도록 충격을 흡수하는 '스폰지 역할'을 하고 있다"며, 향후, 조선왕릉인 태릉이 세계유산으로 후세에 남기려면 연지를 세계유산의 일부인 완충구역으로 지정하고, 보전을 위한 특단의 대책이 필요한 시점이라고 주장하였다.

□ 이번 결의안은 각종 개발사업으로부터 세계유산 보호를 위한 '세계유산 영향평가'와 같은 획기적인 제도를 도입할 필요가 있다는 문화체육관광위원회 소속 김규남(국민의힘, 송파1)의원의 제안이 있었고, 문화체육관광위원회의 심의·의결을 거친 만큼 임시회 마지막 날인 28일 본회의에서 최종 가결될 것으로 보인다.

의안번호 11-00219	세계유산 태릉의 완충구역인 연지에 대한 보존대책 수립 촉구 결의안

발 의	제 안 자	제안일자	소관 상임위
	박환희 의원	2022. 9. 7.	문화체육관광위원회

주요내용	**〈촉구 필요성〉** ○ 국토교통부가 세계유산인 태릉과 강릉 일대에 대규모 공공주택지구 개발을 추진하고 있어 왕릉 경관 훼손과 더 나아가 세계유산 등재 취소도 우려되는 상황이기에, 서울시의회는 문화재청의 세계유산영향평가 및 문화재 영향평가제도 도입과 완충구역 지정 및 보존지침 도입을 촉구하는 바임 ○ 최근 유네스코는 세계유산 보존 대책의 하나로 각종 개발사업으로부터 세계유산 보호를 위한 세계유산영향평가와 완충구역 보존지침 도입을 권고하고 있어 문화재청의 법령 제정이 시급한 상황임 **〈주요 요지〉** ○ 서울시 관내 유네스코 세계유산인 조선왕릉(태릉과 강릉) 연지를 개발로부터 보호하고자 하는 내용으로 ○ 문화재청에 관련 법령 제정 촉구(세계유산영향평가 및 문화유산영향평가제도 도입). ○ 세계유산 완충구역 보존지침 제정. ○ 태릉과 강릉 연지를 세계유산 완충구역으로 지정하고 보전계획 수립. ○ 국내 세계유산(15건)에 대해 세계유산영향평가 실시 및 보존계획 추진.
추진경과	○ '22. 8. 5. : 서울시의회 '노원구 공릉동 태릉골프장 일대 공공주택지구 지정 반대 청원' 가결 ○ '22. 8.11. : 박환희 운영위원장 등 서울시 상임위원장단 현장방문 및 반대성명 발표
부 서 검토의견	원안가결(○) / 수정가결 ( ) / 부결( ) / 보류( )
쟁점사항 (의회동향, 문제점 등)	○ 특이 동향사항 - '22.8.11. 서울시의회 운영위원장을 비롯한 6개 상임위원장단은 '청원 1호' 채택의 후속조치로 태릉 일대 현장을 방문해 국토교통부 사업반대 성명을 발표함
대응방안	○ 조선왕릉은 문화재청 직할 관리 문화재로 보호관리 측면에서 우리시에 행정적 권한이 부여되지 않아 적극적 대처가 어려우며, 향후 주택 및 도시계획 관련 부서와 협의하여 문화재 경관훼손을 최소화하도록 노력할 것임
상 임 위 처리결과	○
향후계획	○
담당부서	문화재관리과	팀장	신영문(☎2133-2666)	담당	

세계유산 태릉의 완충구역인 연지에 대한 보존대책 수립 촉구 결의안

심 사 보 고 서

의안번호	219

2022. 9. 28.
문화체육관광위원회

I. 심사경과

가. 발의일자 및 발의자 : 2022년 9월 5일, 박환희 의원 외 12명

나. 회부일자 : 2022년 9월 7일

다. 상정결과 : 【서울특별시의회 제314회 임시회】

- 제2차 문화체육관광위원회(2022.9.21.)상정, 제안설명, 검토보고, 질의 및 답변, 의결(원안가결)

II. 제안설명의 요지(박환희 의원)

1. 주문

가. 세계유산인 조선왕릉 보존을 위한 법적 조치로 세계유산영향평가 및 문화유산영향평가제도를 도입할 것을 촉구함.

나. 세계유산인 태릉의 완충구역인 연지(蓮池) 보존대책의 강력한 추진을 촉구함.

다. 세계유산으로 지정된 15개(문화유산 13개, 자연유산 2개)에 대해
전면적으로 세계유산영향평가를 실시하고, 이를 토대로 보존계획을
조속히 추진할 것을 촉구함.

2. 제안이유

가. 최근, 유네스코는 세계유산 보존을 위한 대책의 하나로 각종 개발사
업으로부터 세계유산보호를 위한 세계유산영향평가의 도입과 완충구
역 보존지침 도입을 세계 여러나라에 권고하고 있음.

나. 문화재청은 2020년 '세계유산의 보존·관리 및 활용에 관한 특별법'
을 제정하였으나, 유네스코가 권고한 세계유산영향평가를 도입하지
않아 세계유산인 김포 장릉 인근에 대규모 아파트단지가 들어서는
등 세계유산인 조선왕릉의 보존관리에 심각한 위기를 초래하고 있는
실정임.

다. 아울러, 국토교통부가 세계유산인 태릉 일대에 대규모 아파트 단지
개발을 추진하고 있어 세계유산 등재에 있어 가장 중요한 왕릉 인근
경관을 해칠 수 있어 유네스코와 서울시민들에게 세계유산 등재가
취소될 수 있다는 불안을 야기하고 있음.

라. 2020년 및 2021년 국회 국정감사에서 조선왕릉인 태릉의 연지(蓮
池)는 태릉에 가해지는 직·간접적인 충격을 흡수해 릉을 보호하는
중요한 역할을 하는 만큼 세계유산 완충구역으로 지정하여 발굴, 보
존할 필요성이 있다고 지적된 바 있음.

Ⅲ. 검토보고 요지(수석전문위원 주우철)

가. 결의안의 개요

○ 동 결의안은 유네스코가 권고한 세계유산영향평가 도입과 조선왕릉인 태릉의 연지(蓮池)를 세계유산 완충구역으로 지정하여 발굴, 보존하도록 국회와 문화재청 등 관계 기관에 요구하는 것임.

나. 세계유산 현황

○ 유네스코는 1972년 '유네스코의 세계 문화 및 자연 유산 보호 협약'에 따라 세계유산 등재 사업을 시작하였고 세계유산(문화, 자연, 복합), 무형문화유산, 세계기록유산 등으로 나누어져 있음.

○ 2021년 7월 기준 167개국 1,121건의 세계유산이 등재되어 있으며, 우리나라의 경우 총 15건으로 다수의 세계유산이 조선왕릉(40기), 한국의 서원(9개소)과 같은 여러 지역에 흩어져 있는 연속유산[10]이고, 이중 서울 소재는 종묘, 창덕궁, 조선왕릉 등임.

○ 또한 세계유산지구 지정 대상 유산 15건 중 문제 제기가 되는 완충구역[11]은 해인사 장경판전, 경주역사유적지구, 조선왕릉 등 11건임.

---

10) 조선왕릉의 경우, 총 40기 중 서울지역 8기, 경기도 일원에 32기가 18개 지역으로 나뉘어 분포되어 있는데 이처럼 지역이나 나라 국경에 걸쳐 세계유산이 흩어져 있는 경우 이를 연속유산이라고 함.
11) 문화재청장이 「세계유산의 보존·관리 및 활용에 관한 특별법」제9조에 따라 등재된 세계유산의 보존유산의 관리 및 활용을 위하여 지정한 세계유산 지구중, 세계유산 등재 시 유산의 효과적인 보호를 위해 설정된 주변 지역

< 세계유산지구 지정 대상 유산 중 완충구역 현황 >

등재 연도	대상 유산		세계유산지구	
	세계유산	구성요소	세계유산 구역	완충구역
1995	종묘	단일유산	O	-
	석굴암·불국사	석굴암, 불국사	O	-
	해인사 장경판전	단일유산	O	O
1997	창덕궁	단일유산	O	-
	화성	단일유산	O	-
2000	경주역사유적지구	남산지구, 월성지구, 대릉원지구, 황룡사지구, 산성지구	O	O
	고창·화순·강화 고인돌 유적	고창, 화순, 강화	O	O
2007	제주 화산섬과 용암동굴	한라산천연보호구역, 거문오름용암동굴계, 성산일출봉응회환	O	O
2009	조선왕릉	구리 동구릉, 남양주 홍유릉, 남양주 사릉, 남양주 광릉, 여주 영릉, 영월 장릉, 서울 선정릉, 서울 헌인릉, **서울 태강릉**, 서울 정릉, 서울 의릉, 고양 서오릉, 고양 서삼릉, 양주 온릉, 파주 삼릉, 파주 장릉, 김포 장릉, 화성 융건릉	O	O
2010	한국의 역사마을: 하회와 양동	하회(하회마을, 병산서원), 양동(양동마을, 독락당 및 옥산서원, 동강서원)	O	O
2014	남한산성	단일유산	O	O
2015	백제역사유적지구	공주(공산성, 송산리고분군), 부여(관북리유적과 부소산성, 정림사지, 능산리고분군, 나성) 익산(왕궁리유적, 미륵사지)	O	O
2018	산사, 한국의 산지승원	양산 통도사, 영주 부석사, 안동 봉정사, 보은 법주사, 공주 마곡사, 순천 선암사, 해남 대흥사	O	O
2019	한국의 서원	영주 소수서원, 함양 남계서원, 경주 옥산서원, 안동 도산서원, 장성 필암서원, 달성 도동서원, 안동 병산서원, 정읍 무성서원, 논산 돈암서원	O	O
2021	한국의 갯벌	서천갯벌, 고창갯벌, 신안갯벌, 보성-순천갯벌	O	O

다. 태릉 연지 현황

○ 2009년 유네스코 세계문화유산으로 등재된 조선왕릉 중 하나인 태릉(사적 201호) 및 연지(蓮池)는 조선 제11대 중종계비 문정왕후 윤씨의 무덤으로 서울 노원구 공릉동 산223-19에 위치하고 있으며, 이 중 연지(蓮池)는 조선왕릉이 지진 등 외부충격을 받지 않도록 흡수하는 스펀지 역할과 방재 역할을[12]하고 있어 태릉의 원형보전에 큰 역할을 하고 있음.

〈 태릉 연지(蓮池) 위치 〉

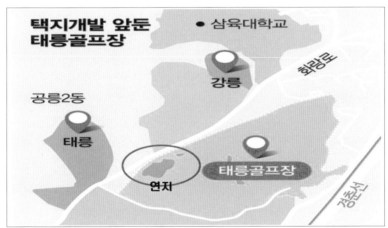

○ 문화재청은 2015년 용역보고서(세계유산 조선왕릉 보존·관리·활용 중장기 계획 수립 연구)에서 태릉의 완전한 복원을 위해 2028년 이후 태릉 연지(蓮池) 부지 매입 및 복원할 계획임.

---

12) 전진홍 기자, 「국민의힘 배현진 의원, 태릉골프장 개발 세계문화유산 박탈 가능성 있어」,
https://www.job-post.co.kr/news/articleView.html?idxno=8681, 2022.9.14.

o 한편, 2020.8. 국토교통부는 태릉골프장 일대에 6,800세대 아파트 공급대책을 발표한 바, 이를 추진할 경우 세계유산 등재 및 복원 조건(궁릉을 중심으로 하는 주변 경관 보존과 시야의 확보를 위해 아파트와 같은 건축물 건립 불가)을 만족하지 못해 문화유산 등재 취소의 우려가 있으며 연지는 개발구역 내 위치해 직접적인 훼손[13] 이 우려되는 상황임.

o 그러나 문화재청 궁능유적본부[14]에서는 홈페이지를 통해 조선왕릉 에 대해 도시화 과정 속에서 능역이 축소되거나 훼손될 우려가 없 고, 완충지역은 왕릉의 경관을 훼손할 우려가 있는 새로운 건축 행 위와 개발 행위, 형질변경 등에 제한을 두면서 대규모 개발 행위는 발생하지 않고 자연녹지지역으로 지정하여 잘 관리되어 있다고 명 시하는 등 현 상황을 제대로 인지하지 못한 것으로 보여 우려되는 상황임.

라. 세계유산영향평가 제도의 필요성

o 유네스코 세계유산위원회는 도시화와 무분별한 개발에 따른 세계유산 주변 환경의 변화에 대해 세계유산 보호를 위한 특별한 조치를 요구 받게 되어 2011년 국제기념물유적협의회를 중심으로 각종 문화유산 의 보전과 관리를 위한 세계유산영향평가(HIA, Heritage Impact Assessmen) 지침을 만들었음.

o 지침 수립 이후 2015년 유네스코 세계위원회는 각국에 세계유산영향 평가제도 도입을 권고하며[15], 개발 행위가 세계유산에 미칠 수 있는

---

13) 강희연 기자, 「JTBC. 공급대책 태릉 유네스코 등재 취소? 손 놓은 문화재청」,
   https://news.jtbc.co.kr/article/article.aspx?news_id=NB12025644, 2022.9.14.
14) 문화재청 궁능유적본부, 보존관리, http://royaltombs.cha.go.kr/cha/idx/SubIndex.do?mn=RT, 2022.
   9.14.

영향을 조사·예측·평가하여 부정적 영향을 제거하거나 감소시킬 방안을 마련하도록 유도하였으며, 세계유산 관련 신규사업 보고 시 평가 결과를 제출하도록 하고 있으나, 우리나라는 아직도 세계유산영향평가 제도를 의무화하고 있지 않음.

○ 우리나라의 경우, 「세계유산의 보존·관리 및 활용에 관한 특별법」(이하 "세계유산법") 과 「문화재보호법」에 의해 세계유산 구역과 세계유산 완충구역이 각각 규정되고 보존·관리되고 있음.

○ 다만, 「세계유산법」과 「문화재보호법」은 구역에 대해 해석하는 바가 다르고, 세계유산의 완충구역으로 등재된 시기(1995년, 2000년, 2007년)와 역사문화환경 보존지역 보호 도입(2010년) 시점 간 차이 등으로 인해 구역 간 범위가 불일치 하는 등의 문제가 발생하고 있음.

---

15) 유네스코 세계유산위원회에서 문화재 영향평가 제도에 대한 각국의 법제화 독려(2015, 제39차 결정문, 제11항)

〈 근거별 세계유산 구역과 완충구역에 대한 의미 〉

근거	세계유산 구역	세계유산 완충구역
「세계유산법」	·제10조제2항제1호 ·유산구역 : 유산의 탁월한 보편적 가치와 완전성 및 진정성을 인정받아 **세계유산으로 등재된 구역**	·제10조제2항제2호 ·완충구역 : 세계유산 등재 시 유산의 효과적인 보호를 위해 설정된 **주변 구역**
「문화재보호법」	·제23조, 제25조, 제26조. 제70조, 제27조 **·지정문화재 및 보호물 또는 보호구역** ·원형 유지 원칙 ·모든 행위 원칙적 제한, 예외적 허가	·제13조 **·역사문화환경 보존지역** ·문화재 보존에 영향을 미칠 우려가 있는 행위에 대해 건축행위 등에 관한 허용기준을 정하고 그 기준에 벗어난 사항에 대해서만 경관에 미치는 영향을 종합적으로 검토 ·모든 행위 원칙적 허용, 예외적 제한
세계유산 협약이행을 위한 운영 지침	·99~102항 ·등재기준에 따라 서식지, 종, 과정 또는 현상의 공간적 요건을 반영 ·인간의 침해로 인한 직접적 영향과 지역외부에서의 영향으로부터 유산의 가치를 보호하기 위해 **인접 지역을 충분히 포함해 설정**	·103~107항 ·유산의 적절한 보호를 위해 필요한 곳이라면 **어디든 적정한 완충구역을 설정** ·유산구역에 바로 인접한 주변 환경과 중요한 경치, 유산과 그 보호를 위한 버팀목으로써 기능상 중요한 다른 지역과 속성들도 포함

ㅇ 우리나라에선 세계유산영향평가가 시행된 사례는 2017년 백제 역사 유적지구의 공주 공산성 인근 제2금강교 건립 사업과 2019년 전라 남도 해남에 소재한 대흥사 호국대전 건설사업이 있으며, 2021년 김 포 장릉의 완충구역에서 아파트 건립이라는 개발 행위에 대한 문제 제기로 세계유산영향평가의 의무 도입이 요구되는 상황임.

ㅇ 문화재청이 지난 4월 유네스코 세계유산협약에 제출한 보존관리 보고 서16)에는 태릉의 주택개발과 관련하여 세계유산센터와 소통을 통하여 진행 사항 및 최신 정보를 제공하고 세계유산센터 및 ICOMOS(국제

---

16) Report on the State of Conservation of the Royal Tombs of the Joseon Dynasty(No. 1319), April 2022

기념물유적협의회)와 문제들을 긴밀히 협의하여 해결하고 우리나라는 이 문제들을 해결하기 위해 전념하고 있다고 명시되어 있음.

○ 따라서 문화재청은 현재 태릉 연지(蓮池)뿐 아니라 세계유산으로 등록된 15건 중 완충구역 11건에 대한 보존·관리 체계를 보완·강화하고 세계유산 지위를 위협하고 있는 요소를 제거하여 국제적 신뢰를 확보하고 이미 등재된 유산의 보존관리 및 방안 마련을 위해 세계유산영향평가 제도를 시급히 도입하고 제도화할 필요가 있음.

○ 한편, 국회에서는 2021.12.8. 박정 의원이 '세계유산영향평가 제도의 도입'을 위해「세계유산의 보존·관리 및 활용에 관한 특별법 일부개정법률안」을 발의하였으나 계류 중임.

마. 종합의견

○ 우리나라 세계유산은 1995년 처음 등재된 이후 2022년 현재 15건으로 지금까지는 세계유산의 등재에만 초점이 맞춰져 왔음.

○ 그러나 세계유산 구역과 완충구역은「세계유산법」과「문화재보호법」에 따라 이원화된 규정으로 보존·관리 기준에 혼란이 있고, 특히 세계유산의 보호를 위한 범위인 유산구역 및 완충구역과 국내 문화재 보호를 위한 문화재 구역의 설정 근거가 달라 문제가 발생하고 있음.

○ 2017년부터 도시화 및 개발 행위에 의한 보존관리 문제가 지속적으로 발생하고 있는 상황에서 유산구역뿐 아니라 완충구역 보존을 위해 시급히 세계유산영향평가 도입을 촉구하는 결의안은 타당한 것으로 판단됨.

○ 세계문화유산으로 등록하기 위해서는 수많은 절차와 예산 및 기간이
소요되는 등 어려운 과정이므로 등록된 문화재가 유네스코에서 제시
한 조건을 충족시키지 못해 등록 목록에서 삭제되는 일이 결코 발생
해서는 안 될 것임.

Ⅳ. 질의 및 답변요지 : 「생략」

Ⅴ. 심사결과 : 원안가결(재적위원 9명, 참석위원 8명, 참석위원 전원찬성)

Ⅵ. 소수의견 요지 : 「없음」

Ⅶ. 기타 필요한 사항 : 「없음」

박환희 위원장, 세계문화유산 보호를 위한
획기적 계기 마련

- 대표 발의 '서울특별시 문화재지킴이 활동에 관한 조례안' 본회의 통과

- 문화재지킴이 활성화 추진계획 수립, 행정적·재정적 지원 규정 등 명시

- "민간차원의 문화재지킴이 활동 지원으로 각종 개발로부터 위협받고 있는 세계문화유산 보호와 함께 시민의 문화적 삶의 질 향상도 기대"3) 생물다양성 보호를 위한 연구용역

서울특별시 문화재지킴이 활동에 관한 조례안을 제안 설명하는 모습

□ 서울특별시의회 박환희 운영위원장(국민의힘, 노원2)이 대표 발의한 '서울특별시 문화재지킴이 활동에 관한 조례안'이 10일 본회의를 통과했다.

□ 이번에 통과된 조례는 서울시 소재 문화재의 홍보 및 보호 활동을 확대하기 위해 문화재지킴이 활동을 활성화하고 이에 관한 사항을 규정하여 서울시 문화재 보존과 가치확산에 기여하며 시민의 문화 향유 기회 확대 및 문화적 삶의 질 향상에 이바지하는 것을 목적으로 한다.

□ '문화재지킴이'란 서울의 문화재를 가꾸고 즐기는 공동체 형성에 참여하고 노력하는 활동가로서, 문화재청이 위촉한 활동가까지 포함할 경우 전국적으로 8만명이 활동하고 있으며, 서울시에는 약 1만 5천명의 문화재지킴이가 활동하는 것으로 알려져 있다.

□ 이번 조례의 주요 내용으로는 문화재지킴이 활성화를 위한 ▲추진계획 수립·시행 ▲협력체계 구축 ▲행정·재정적 지원 ▲홍보 및 교육 ▲포상 관련 규정 등이 있다.

□ 지난해 12월 문화재지킴이로 위촉받아 문화재 보호에 앞장서고 있는 박 위원장은 "문화재를 더 가깝고 즐겁게 감상하려는 시민들의 욕구가 증가함에 따라 문화재지킴이의 중요성도 커지고 있다"며 "이번 조례가 민간차원의 지킴이 활동을 체계적으로 지원·독려하여 시민들의 문화적 삶의 질 향상에 이바지하기를 기대한다"고 말했다.

□ 특히, 박 위원장은 "1만 5천명의 서울 문화재지킴이 활동을 지원하는 본 조례가 화재·홍수·대기오염뿐 아니라 무분별한 개발로부터 위협받고 있는 문화재 보호에도 크게 기여할 것으로 본다"며, "향후, 문화재지킴이 조례가 다른 시·도로 확대되고, 나가아 전국적으로도 확산되어

'문화재지킴이의 날(매년 6월 22일)'이 국가기념일로 제정될 수 있도록 노력을 아끼지 않을 것"이라고 하였다.

□ 한편, 박 위원장은 지난달 9일 금년도 문화재지킴이의날(6.22) 전국행사를 아파트 개발로 위협을 받고 있는 태릉(세계문화유산)으로 유치하였으며, 한국문화재지킴이단체연합회·전주이씨대동종약원·유네스코 한국위원회 등과 함께 세계문화유산 조선왕릉(태릉) 보호를 위한 합동간담회 개최를 준비하는 등 문화재지킴이로서의 역할을 충실하게 수행하고 있다.

□ 또한, 박위원장은 "문화재지킴이로서 600년 동안 서울을 지킨 한양도성이 세계유산으로서의 가치를 인정받아 2027년까지 유네스코 세계문화유산으로 등재될 수 있도록 오세훈 시장님을 비롯해 관련 세계유산 등재 전문가들과 적극 협력해 나갈 것"이라고 말했다.

□ 그동안, 박 위원장은 세계문화유산인 조선왕릉 태릉일대 보호를 위해 태릉골프장 개발반대 청원(1호) 소개, 6개 상임위원장단과 함께한 국토교통부 사업반대 성명 발표, 태릉 연지(蓮池) 생물다양성 조사연구용역, 습지보호지역 지정 요청, 세계문화유산 영향평가 도입 토론회 개최 등 다양한 활동을 펼쳐왔다.

박환희 운영위원장, 전주이씨대동종약원 방문, 세계문화유산 태강릉 보호에 적극 협력하기로 약속!!

– 개발로 조선왕릉이 세계문화유산에서 탈락하지 않도록 공동연대 약속!!

– 박환희 위원장, 태릉 일대에 문화생태공원을 조성하여
  문화재·생태계보전 '두 마리 토끼' 잡겠다고 약속

☐ 서울특별시의회 박환희 운영위원장(국민의힘·노원2)은 27일 전주이씨대
  동종약원(약칭 종약원) 이석무 총무이사와 이태우 전례이사를 만나 세
  계문화유산 조선왕릉 보존을 위한 적극적인 협력과 지원을 요청했다.

☐ 이날 만남은 세계문화유산인 태강릉이 소재하고 있는 공릉동 출신 서
  울시의원인 박 위원장의 적극적인 요청으로 성사됐다.

☐ 사단법인 전주이씨대동종약원(이사장 이귀남)은 조선 및 대한제국의 유·
  무형 문화재 보존관리와 전통문화를 계승 발전시키는 것을 목적으로
  하며, 5대 제향(조경단대제, 원구대제, 종묘대제, 사직대제, 건원릉대제)
  과 칠궁제를 주관하는 단체이다. 공릉동에 소재하고 있는 태·강릉과 관
  련해서는 봉향회 및 왕릉제향 체험학습 등의 사업을 추진하고 있다.

☐ 박 위원장은 이 자리에서 "국토교통부가 추진하고 있는 태릉골프장부
  지의 택지개발에 대해 노원구 주민들과 함께 청원서를 제출하는 등 적
  극적으로 반대하고 있으나, 문화재청이 세계문화유산 태릉의 완충구역
  인 연지(蓮池) 보존을 위한 노력이 없다는 점이 아쉽다"고 토로하면서
  "태릉cc 일대 개발반대 촉구, 한양도성 세계문화유산 등재를 위하여

전주이씨대동종약원, 유네스코한국위원회, 문화재지킴이단체연합회 등
과의 발빠른 연대가 시급하다"고 역설하였다.

□ 또한, 박 위원장은 "종약원이 추진하는 태릉 및 강릉에 대한 봉향회 및
체험학습에 노원구 주민들이 적극적으로 참석하여 세계문화유산인 조선
왕릉이 잘 보존될 수 있도록 노력하겠다"고 덧붙이며, "향후, 태강릉 일
대를 세계문화유산 보호와 생태습지 보존이라는 두 마리 토끼를 한꺼번
에 잡을 수 있는 '문화생태공원'으로 추진하겠다"고 포부를 제시하였다.

□ 이에 대해 이태우 전례이사는 "세계문화유산인 조선왕릉 보호를 위한
학술토론회, 합동간담회 및 대정부 촉구건의안 등 서울시의회의 노력
에 대해 전주이씨대동종약원은 아낌없이 지원할 것이다"라고 하였으며,
"대한제국 당시 고종황제가 땅과 하늘에 제사를 지냈던 환구대제(圜丘
大祭)의 원형이 복원될 수 있도록 서울시의회의 행정적·재정적 지원이
필요하다"고 요청하였다.

□ 한편, 박 위원장은 이날 만남을 마치고, 서울시의회 운영위원회 소속
직원 등 배석한 관계자들에게 문화재보호를 위한 합동간담회, 조선왕
릉 태강릉 보호관리 연구용역. 태강릉일대 문화생태공원 연구용역 등
후속 작업을 차질없이 시행할 것을 지시했다.

□ 그동안, 박 위원장은 문화재청이 위촉한 문화재지킴이로서 서울시 문화
재지킴이 조례 제정과 함께 문화재지킴이의날(6.22) 행사 태릉 유치,
태릉cc 개발반대를 위한 청원서 제출(국토교통부), 세계유산영향평가
법제화 및 태릉연지 보존촉구(문화재청), 태릉연지 생물다양성 연구용
역, 태릉연지 습지지정 요청(서울시), 서울시 유네스코 세계유산 보존관
리 및 활용에 관한 조례 제정 등 문화재 보호를 위해 혼신의 노력을
기울이고 있다.

제향하고 있는 박환희 운영위원장

대동종약원 관계자와의 협의

대동종약원에서 설명하고 있다

관계자의 설명을 듣고 있다

대동종약원 간부들과 기념촬영

서울시의회 "日 궁내청 소장 의궤 반환하라" 결의문 채택

입력 2008. 12. 19. 15:49수정 2008. 12. 19. 15:49【서울=뉴시스】

서울시의원들이 일제강점기에 빼앗긴 '의궤(儀軌)' 찾기에 나섰다.

서울시의회는 19일 열린 제35회 정례회 6차 본회의에서 '일본 궁내청 소장 의궤 반환 촉구 결의문'을 의결했다.

의궤는 조선시대에 왕실이나 국가의 주요 행사의 준비과정, 진행 내용 등을 자세히 정리한 기록이다. 현재 명성황후국장도감의궤(명성황후의 장례식을 기록한 의궤) 등 72종이 일본 궁내청 서릉부에 보관돼 있다.

결의문은 일제강점기인 1922년 조선총독부가 빼앗아 간 뒤 일본 궁내청에 보관돼 있는 의궤를 즉각 '원산지'로 반환하라는 내용을 담고 있다.

결의문은 국내 문화체육관광부와 문화재청, 지방자치단체를 비롯해 일본의 왕실과 유네스코 한국주재 각 대사관, 서울시 자매결연 도시 등에 발송된다.

서울시의회는 앞서 15일 열린 제5차 본회의에서 '일본 궁내청 소장 의궤 반환을 위한 특별위원회 위원 선임안'을 의결한 바 있다.

특별위원회는 강감창·김영로·김진성·김철현·박환희·부두완·우재영·이주수·이재홍·정교진·정춘희·조달현·채봉석·최병조·현진호 의원 등 15명으로 구성됐다.

김종민기자 kim9416@newsis.com

박환희 서울시의회 운영위원장,
유네스코 인류무형문화유산 '종묘대제' 참석

- 종묘와 종묘대제 등 조선왕조의 소중한 문화유산이 후세에 전승되도록
  노력할 것
- 태강릉과 연지 등 문화생태공원으로 조성, 미래세대에 전승시킬 것 약속

  서울시의회 박환희 운영위원장(국민의힘·노원2)은 지난 7일 조선의 역대 왕과 왕비의 신위를 모시고 있는 종묘 영녕전에서 개최된 '2023년 종묘대제'에 참석해 제향했다.

  종묘대제는 지난 2001년 유네스코 인류무형유산으로 등재됐으며, 왕이 직접 거행하는 의례 중 가장 규모가 크고 예를 중시하는 유교적 절차에 따라 엄격하게 진행되는 의례이다. 제향은 신을 맞이하는 절차, 신에게 잔

을 올리는 절차, 신을 보내드리는 절차로 진행되며, 제향에 앞서 경복궁 광화문에서 종묘에 이르는 어가행렬이 진행된다.

관계자에 따르면 이번 종묘대제 참석은 지난달 27일 박 위원장이 직접 전주이씨대동종약원을 방문해 세계문화유산 보존을 위해 적극 협력하기로 약속한 이후, 처음으로 개최되는 행사로 세계문화유산인 태강릉 보존에 심혈을 기울이고 있는 박 위원장의 적극적인 참석의사에 따라 성사됐다고 알려졌다.

전주이씨대동종약원(이사장 이귀남)은 조선 및 대한제국의 유·무형 문화재 보존관리와 전통문화를 계승 발전시키는 것을 목적으로 5대 제향(조경단대제, 원구대제, 종묘대제, 사직대제, 건원릉대제)과 칠궁제를 주관하는 단체이다.

박 위원장은 "국토교통부가 추진하고 있는 태릉골프장 부지의 택지개발에 대해 노원구 주민들과 함께 청원서를 제출하는 등 적극적으로 반대하고 있으나, 문화재청이 세계문화유산 태릉의 완충구역인 연지(蓮池) 보존

을 위한 노력이 없다는 점이 아쉽다"고 토로하면서 "태릉cc 일대 개발을
저지하고 세계문화유산 보전을 위해 전주이씨대동종약원과 적극 협력할
것"을 약속했다.

특히 박 위원장은 "전주이씨대동종약원의 제향행사로 대한제국의 고종황
제가 땅과 하늘에 제사를 지냈던 환구대제의 원형복원을 위해 노력을 아
끼지 않겠다"라며 "문화재청이 주관하는 문화재지킴이의날 행사가 올해에
는 택지개발 위협에 처해있는 태강릉에서 진행될 예정이며, 전국 8만명의
문화재지킴이가 참석해 세계문화유산인 조선왕릉이 잘 보존될 수 있도록
노력하겠다"고 말했다.

박 위원장은 서울시 문화재지킴이 조례 제정과 함께 문화재지킴이의날
행사 태릉 유치, 태릉cc 개발반대 청원, 세계유산영향평가 법제화 및 태릉
연지 보존촉구, 태릉연지 생물다양성 연구용역, 태릉연지 습지지정 요청,
서울시 유네스코 세계유산 보존관리 및 활용에 관한 조례 제정 등 문화재
보호를 위해 노력해왔다.   (온라인뉴스팀)

박환희 운영위원장, 유네스코 인류무형문화유산인 종묘대제 참석, 조선왕조 역대 왕과 왕후에 대해 제향!!

- 종묘와 종묘대제 등 조선왕조의 소중한 문화유산이 후세에 전승되도록 노력할 것 약속!
- 세계문화유산인 조선왕릉 중 아파트개발로부터 위협을 받고 있는 태강릉과 연지 등을 문화생태공원으로 조성, 미래세대에 전승시킬 것을 약속!

□ 서울특별시의회 박환희 운영위원장(국민의힘·노원2)은 지난 7일 조선의 역대 왕과 왕비의 신위를 모시고 있는 종묘 영녕전에서 개최된 '2023년 종묘대제'에 참석하여 제향하였다.

□ 종묘대제는 2001년 유네스코 인류무형유산으로 등재되었으며, 왕이 직접 거행하는 의례 중 가장 규모가 크고, 예를 중시하는 유교적 절차에 따라 엄격하게 진행되는 의례이다. 제향은 신을 맞이하는 절차, 신에게 잔을 올리는 절차, 신을 보내드리는 절차로 진행되며, 제향에 앞서 경복궁 광화문에서 종묘에 이르는 어가행렬이 진행된다.

□ 관계자에 따르면, 금번 종묘대제 참석은 지난달 27일 박 위원장이 직접 전주이씨대동종약원을 방문하여 세계문화유산 보존을 위하여 적극적으로 협력하기로 약속한 이후, 처음으로 개최되는 행사로 세계문화유산인 태강릉 보존에 심혈을 기울이고 있는 박 위원장의 적극적인 참석의사에 따라 성사되었다고 알려진다.

□ 전주이씨대동종약원은 조선 및 대한제국의 유·무형 문화재 보존관리와

전통문화를 계승 발전시키는 것을 목적으로 하며, 5대 제향(조경단대제, 원구대제, 종묘대제, 사직대제, 건원릉대제)과 칠궁제를 주관하는 단체이다.

□ 박 위원장은 "국토교통부가 추진하고 있는 태릉골프장부지의 택지개발에 대해 노원구 주민들과 함께 청원서를 제출하는 등 적극적으로 반대하고 있으나, 문화재청이 세계문화유산 태릉의 완충구역인 연지(蓮池) 보존을 위한 노력이 없다는 점이 아쉽다"고 토로하면서 "태릉cc 일대 개발을 저지시키고 세계문화유산 보전을 위하여 전주이씨대동종약원과 적극 협력할 것"을 약속하였다.

□ 특히, 박 위원장은 "전주이씨대동종약원의 제향행사로 대한제국의 고종 황제가 땅과 하늘에 제사를 지냈던 환구대제의 원형복원을 위해 노력을 아끼지 않겠다"고 덧붙이며,

□ 끝으로, 박 위원장은 "문화재청이 주관하는 문화재지킴이의날(6.22) 행사가 금년에는 택지개발 위협에 처해있는 태강릉에서 진행될 예정이며, 전국 8만명의 문화재지킴이가 참석하여 세계문화유산인 조선왕릉이 잘 보존될 수 있도록 노력하겠다"하였다.

□ 그동안, 박 위원장은 문화재청이 위촉한 문화재지킴이로서 서울시 문화재지킴이 조례 제정과 함께 문화재지킴이의날(6.22) 행사 태릉 유치, 태릉cc 개발반대 청원(국토교통부), 세계유산영향평가 법제화 및 태릉 연지 보존촉구(문화재청), 태릉연지 생물다양성 연구용역, 태릉연지 습지지성 요정(서울시), 서울시 유네스코 세계유산 보존관리 및 활용에 관한 조례 제정 등 문화재 보호를 위해 혼신의 노력을 기울이고 있다.

박환희 대한민국시도의회운영위원장협의회 회장, 제7차 정기회 참석

- 세계유산영향평가(HIA) 법제화를 위한 「세계유산의 보존·관리 및 활용에 관한 특별법 일부개정법률안」 통과 촉구 건의안 등 총 3개 안건 처리
- '2023산청세계전통의약항노화엑스포' 성공적 개최 기원

□ 서울특별시의회 박환희 운영위원장(국민의힘, 노원2)은 5월 18일(목), 경상남도 산청군에서 대한민국시도의회운영위원장협의회 제7차 정기회를 개최했다고 밝혔다.

□ 정기회에는 17개 시도의회 운영위원장을 비롯해 김진부 경상남도의회 의장, 최만림 경상남도 행정부지사, 박성수 경상남도교육청 부교육감, 이승화 산청 군수, 정명순 산청군의회 의장 등이 참석했다.

□ 박환희 협의회장은 개회사를 통해 "지방의회는 지난 30여년간 주민의 대의기관이자 의사결정기관으로서 민주주의 발전에 기여해왔다. 또한 대의민주주의 실현의 주체로서 자치법규 입법과 집행기관 감시 등 의회 본연의 역할을 다하기 위해 노력해왔다."라고 말했다.

□ 또한, "최근 지방자치법 개정을 시작으로 의회 인사권 독립과 정책지원관 제도의 도입, 「지방의회기본법」 제정 추진 등 끊임없는 변화와 혁신의 기로에 서 있으며 실질적인 지방자치, 지방분권을 위해 해결해야 할 과제도 많다. 이러한 산적한 과제 해결을 위해 대한민국시도의회운영위원장협의회가 의미있는 논의의 장이 되어 지방의회의 독립성과 자율성, 전문성 강화를 위한 폭넓은 분석과 대안 제시, 더 나아가 지방의회의 지평을 넓히는 계기가 되길 기원한다"라고 말했다.

□ 마지막으로, "오늘 이 자리가 9월에 열릴 '2023산청세계전통의약항노화엑스포'의 성공적 개최에 힘을 보태는 소중한 자리가 되기를 소망한다."라고 강조했다.

□ 한편 박환희 협의회장은 「세계유산영향평가(HIA) 법제화를 위한 '세계유산의 보존·관리 및 활용에 관한 특별법 일부개정법률안' 통과 촉구 건의안」을 직접 제안했고, 만장일치로 의결되었다.

□ 박환희 협의회장은 "오는 9월 가야 고분군의 유네스코 세계문화유산 등재가 기대되는 가운데, 경남에서 건의안을 의결하게 돼 더욱 의미가 있다"고 말했다.

□ 결의안은 국내 세계유산 보호와 관련된 것으로, 서울 태릉·김포 장릉 지역 아파트 건축 등 관련 논란이 끊이지 않고 다른 세계유산 주변 지역도 다양한 잠재적 개발에 직면해 있는 상황속에서, 지난 2021년 12월 세계유산영향평가(HIA) 제도의 근거를 마련하고 평가대상과 절차 등에 필요한 사항을 규정한 「세계유산의 보존·관리 및 활용에 관한 특별법 일부개정법률안」이 발의되었으나 현재까지 국회 계류 중에 있어 조속한 법안 통과를 촉구하는 내용을 담고 있다.

□ 이날 정기회에서는 동 안건과 「농업분야 조세감면제도 5년 연장 촉구 건의안」, 「지방의회의원 상해보상금 관련 법령 개정 촉구 건의안」 등 총 3개의 안건을 처리했다.

□ 올해 설립 26주년을 맞는 협의회는 전국 시도의회의 공동 이해 관련 사안을 협의하고 의회 운영에 필요한 정보를 교환함으로써 지방의회 숙원과제 해결과 지방자치 발전을 도모하기 위한 단체이다. 회원은 17개 시도의회 운영위원장이며, 월 1회 정기적으로 회의를 개최한다.

서울시의회, 태릉 연지의 생물다양성 조사연구용역 추진

- 박환희 서울시의원, "세계유산 태릉 완충구역인 연지(蓮池)의 생물자원 조사를 통하여 람사르처럼 생태경관지역(습지) 지정" 앞장설 것 !!

□ 지구온난화 등 인류의 생존과 밀접한 환경의 중요성이 그 어느 때보다 강조되고 있는 가운데 서울시의회가 세계유산인 태릉 연지(蓮池)에 서식하고 있는 동식물의 생물다양성을 조사하는 연구용역을 추진하고 있어 향후, 연지일대가 생태경관보전지역(습지)으로 지정될지 시민들의 관심이 집중되고 있다.

○ 특히, 세계유산인 태릉의 연지 인근에 대규모 아파트단지 조성을 위하여 국토교통부가 추진하고 있는 '공공주택지구 지정계획을 반대하는 내용의 청원'이 지난 8월 5일 서울시의회에서 만장일치로 채택되었다는 점에서 연지의 생물다양성 조사 연구용역의 결과에 따라 정부정책에도 영향을 미칠 수 있어 귀추가 주목된다.

□ 서울특별시의회 박환희 운영위원장(노원2, 국민의힘)은 '세계문화유산 (태릉) 보존을 위한 연지(蓮池) 발굴·복원 관련 질의(8.8)'에 대한 문화재청(궁능유적본부)의 회신을 접수(8.20)한 후, 문화재청이 세계유산인 조선왕릉(태릉) 및 완충구역인 연지의 보호에 대해 소극적인 자세로 일관하고 있다며 아쉬움을 표시하였다.

○ 세계유산 완충구역으로서의 역할 뿐만 아니라 천연기념물이 서식하고 있는 생태계의 보고인 태릉의 연지(蓮池)가 태릉골프장 일대의 개발압력을 완화할 수 있다고 판단한 박환희 위원장은 지난 22일 서

울시의회의 연구용역비를 긴급하게 확보함으로써 연지의 생물다양성 조사 연구용역이 추진된 것으로 전해지고 있다.

※ 생태학적으로 태릉, 연지 및 태릉골프장 일대에는 멸종위기종 2급 야생동물인 하늘다람쥐, 맹꽁이, 새매, 삵이 서식하고 있고, 천연기념물 원앙, 황조롱이 등이 서식하고 있다.

□ 연구용역에는 ▲태릉 연지의 환경·문화적 관점에서의 가치 ▲태릉 연지 일대 자연환경, 생태계 특성 현황조사 ▲서울시 습지 현황분석 ▲조사결과 활용을 통한 습지지정 등 태릉 연지 보존을 위한 대책 등의 내용을 담아낼 것으로 보인다.

○ 금번 연구용역을 통해 연지 일대에 서식하는 천연기념물, 500년 이상 된 소나무(보호수 지정) 등의 생태현황도, 식생도를 작성하여 연지를 문화재로서의 가치 뿐만 아니라 서울시민들의 휴식을 위한 (람사르 등) 습지보호구역 및 생태경관지역으로 지정하기 위한 종합지원계획이 수립되고,

○ 나아가서 세계유산인 태릉 및 연지 일대가 미세먼지, 대기오염 등의 위협으로부터 서울시민들을 보호할 수 있는 '서울의 허파'역할을 수행할 수 있는 생태도시 조성 등 문화와 환경이 공존하는 구체적인 대안이 제시될 것으로 기대된다.

□ 박환희 의원에 따르면 "서울시의회는 현재 진행하고 있는 연구용역 결과를 토대로 문화재정을 대상으로 태릉골프장 일대에 내해 객관적인 실태조사를 거쳐 제대로 된 생태자연도 작성을 촉구할 계획이며, 지난 8월 27일 환경부가 발표한 환경영향평가 사전검토 면제제도가 무분별한 개발로 인한 환경파괴에 악용될 소지가 높다는 문제점이 있는 만큼

제도개선을 위해 노력하겠다"고 밝혔다.

○ 한편, 국토교통부와 LH공사가 '서울태릉 공공주택지구 전략환경영향
평가서 초안 작성을 위하여 생태자연도 미분류지역인 사업대상지구
를 법령에 기반한 정확한 조사나 검증과정 없이 임의로 개발가능 지
역인 생태자연도 '3등급지'로 분류하여 사업을 추진한 사례가 있다.

□ 박환희 위원장은 "향후 문화재청이 지난 2020년, 2021년 국정감사에
서 약속했던 태릉 연지 보존지침을 조속히 수립토록 하여 세계유산의
완충구역인 태릉 연지가 각종 개발사업으로 부터 세계유산을 지켜낼
최후의 보루(堡壘)로 자리매김할 수 있게 하고, 세계문화유산조례 제정
및 세계유산영향평가 법적 근거 마련을 위한 토론회 개최 등 서울시의
회 차원의 지원을 아끼지 않겠다"고 강조했다.

※ 조선왕릉 40기 유네스코 세계문화유산 지정 : 2009년 6월 그 역사
성과 우수성을 인정받아 지정되었으며, 세계유산지구는 세계유산으로
등재된 구역(조선왕릉)과 유산의 보호를 위해 설정된 주변구역인 세
계유산 완충구역(연지 등)으로 구분된다.

※ 태릉(사적 201호) 및 연지(蓮池): 조선 제11대 중종계비 문정왕후 윤
씨의 무덤으로 서울 노원구 공릉동 산223-19에 위치하고 있으며,
태릉의 연지(습지)는 조선왕릉이 지진 등 외부충격을 흡수하는 등
'스폰지 역할'을 하는 등 태릉의 원형보전에 큰 역할을 하고 있다.

박환희 위원장,
"세계문화유산 태릉 일대 생태 · 경관 보호대책 수립 촉구"

- 태릉 연지(蓮池)에 천연기념물 등 생태보호종 다수 서식 확인
- 세계문화유산 완전성 확보 위한 완충구역 보존지침 신속히 수립 필요
- 노원 주민 대다수 태릉 공공주택 개발 반대 여론 확인
- 태릉 인근 공공주택 공급 계획 전면 백지화해야

☐ 서울특별시의회 박환희 운영위원장(국민의힘, 노원2)은 세계문화유산으로 지정된 태릉 일대를 생태·경관 보전지역으로 지정하는 등 보존대책 마련을 촉구했다.

☐ 박환희 위원장 "최근 서울특별시의회가 서울시립대학교에 의뢰해 실시한 태릉 인근에 대한 자연환경 및 생태계 조사결과 해당 지역에 수령 200년 이상의 다양한 종류의 나무는 물론이고 황조롱이, 원앙, 하늘다람쥐를 비롯한 천연기념물, 멸종위기종인 맹꽁이, 솔부엉이 등의 서식이 확인되었다"고 전했다.

☐ 이 보고서에 따르면 태릉과 연지 일대에는 총 121종류의 식물이 조사되었으며, 특히 수령이 85년에서 200년으로 추정되는 소나무 94주를 포함해 152주의 큰 나무가 분포하는 것으로 확인되었다. 또한, 동물생태 조사 결과 야생조류 법정 보호종으로 천연기념물인 황조롱이, 원앙과 멸종위기종인 솔부엉이, 서울시 보호종인 제비, 쇠딱따구리, 오색딱따구리, 청딱따구리, 꾀꼬리, 박새 등 9종이 확인되었다. 또한 멸종위기종인 맹꽁이와 천연기념물 하늘다람쥐를 포함해 희귀 양서·파충류도 다수 서식하고 있었다.

□ 박환희 위원장은 "태릉과 연지 일대의 식물과 동물 생태조사 결과 해당 구역의 식생과 수령이 유사하고, 동물들의 서식지도 공유하고 있는 등 해당지역이 생태적으로 연계되어 있음이 확인되었다"고 언급하고, "천연기념물을 포함한 보호종이 다수 서식중인 사실이 확인된 이상 서둘러 정밀 생태조사를 실시하고 해당 지역 생태 보호를 위한 조치에 나서야 할 것이다"고 주장했다.

□ 또한, "문재인 정부가 부동산 정책실패를 덮기 위해 세계문화유산인 태릉 인근의 연지 등을 훼손하면서 무리하게 공공주택 건설을 발표했다"고 비판하고, "세계문화유산의 완전성을 훼손하고, 생태환경을 파괴하는 개발계획을 전면백지화하고 해당지역을 생태공원으로 조성해 시민들에게 돌려줘야 할 것"이라고 역설했다.

□ 한편, 지난 11월 서울특별시의회의 의뢰로 노원구에 거주하는 만 18세 이상 남·녀 1,000명을 대상으로 한 여론조사에서 응답자의 71%는 태릉cc 개발에 반대하고 해당 지역을 역사문화생태공원으로 조성하자는 의견을 보였다. 또한 76.5%의 응답자가 해당지역 생물다양성 조사의 필요성에 찬성하였으며, 77.8%는 태릉 연지를 습지보호구역으로 지정해 보호해야 한다고 응답했다.

□ 박환희 위원장은 "올초 김포 장릉 사태를 보면서 자랑스러운 세계문화유산 관리의 허술함에 많은 국민이 분노하고 좌절했던 경험이 있다"면서, "태릉과 연지를 포함한 지역은 유네스코 세계문화유산인 동시에 보호되어야 할 다양한 동·식물이 서식하고 있는 생태의 보고이다. 서울시가 야생동물 보호구역 지정, 생태·경관 보전지역 지정, 습지보호구역 지정 등 검토 가능한 모든 대안을 조속히 마련할 것을 강력히 촉구한다"고 전했다.

※ 태릉연지정자각에서 서울시립대 김충호교수의 세계문화유산 조선왕릉의
　 보호관리 기본구상 용역 착수보고 (태릉, 강릉)
향후 내년 국회에서 세계문화유산영향평가Heritage Impact Assement,
HIA)법 만들어야 한다고 주장
서울시의회는 작년 조례를 제정

대한민국의회운영위원장협의회에서도 국회, 정부에 법제화를 위한 '세계유
산의 보존·관리 및 활용에 관한 특별법 촉구건의안도 17개 운영위원장협
의회에서도 제출한 바 있다.

연지(蓮池) 전경

연지(蓮池)에서

연지(蓮池) 전경

4. 태릉 연지-경춘선 숲길 플로깅 행사 개최

1) 플로깅 행사 개최

박환희의원, 유네스코 세계유산 조선왕릉
태릉 연지 [습지]보존을 위한
플로깅 걷기대회 및 전문가 정책세미나 참석 !

– 건강·문화·환경보호라는 '세마리 토끼'를 동시에 잡은 뜻깊은 행사
– 박환희 의원, "세계유산 등재취소된 독일 '드레스덴 엘베계곡' 전철을 밟지 않으려면 연지(蓮池)를 습지 및 완충구역으로 지정해야"

□ 서울시의회 박환희 운영위원장(국민의힘, 노원2)은 지난 2022년 11월 26일(토) 오전 10시 공릉동 근린공원(출발), 경춘선숲길~태릉연지(코스) 등에서 학생 및 시민들이 함께한 '플로깅 걷기대회 및 전문가 정책세미나'에 참석했다.

□ 플로깅(plogging)은 걸어서 쓰레기를 주우며, 환경정화도 하고 마을 명소도 함께 둘러보는 의미있는 행사로, 이번 행사에는 세계문화유산 조선왕릉 태릉 연지(습지) 보존에 관심이 있는 학생과 시민들이 참석하여 성황리에 진행되었으며, 건강과 문화·환경보호라는 '세 마리 토끼'를 잡을 수 있었던 뜻깊은 행사가 되었다는 후문이다.

□ 이번 행사는 1부, 2부로 나뉘어 진행되었는데, 1부는 세계문화유산인 조선왕릉 태릉과 천연기념물이 서식하는 연지(습지) 일대를 중심으로 쓰레기를 줍는 플로깅대회를 진행하였고, 2부에는 태릉 연지(습지) 보

존을 위한 전문가들의 의견을 수렴하고 향후 활동방향 모색을 위한 정책세미나를 개최하였다. 다만, 당초 계획했던 청소년 환경보전 표어 공모에 대한 시상식은 추후에 별도로 진행하기로 하였다.

□ 박환희 위원장은 "태릉의 완충구역으로 태릉에 가해지는 충격을 흡수하는 스폰지 역할을 해 온 연지(蓮池)에 대규모 아파트단지가 조성되어 세계문화유산 지정 당시의 태릉경관이 훼손될 경우, 자칫 독일의 '드레스덴 엘베계곡'처럼 세계유산 등재가 취소될 우려가 있다."며, "태릉 연지일대에서 건강도 지키고, 문화 및 환경을 보전하는 뜻깊은 행사가 진행된 데에 대해 벅찬 감동을 느낄 수 있었으며, 태릉+연지 플로깅대회가 매년 개최될 수 있도록 노력하겠다."고 소감을 표명하였다.

□ 한편, 박환희 위원장은 지난 7월 개원 이후 국토교통부가 주민의 요구를 무시한 채 일방적으로 추진하고 있는 아파트개발 반대와 태릉 연지의 문화생태 보존을 위해 다양한 사업을 추진해 왔다.

※ 태릉일대 아파트 개발반대를 위한 청원1호 제출(국토교통부), 세계문화유산인 태릉의 연지보존을 위한 대책 촉구결의(문화재청), 태릉 연지에 서식하는 천연기념물 보호를 위한 습지지정 요청(서울시), 태릉 연지 보존연구용역(서울시의회), 세계유산영향평가 도입을 위한 토론회 개최(11.29 예정)

유네스코 세계문화유산 조선왕릉
태릉연지(습지) 보존을 위한

플로깅 걷기대회
& 청소년 환경표어
공모전 개최

일시: **2022. 11. 26. (토), 10:00**
장소: 공릉동 근린공원(화랑대역 4번출구 30m)
코스: 경춘선숲길 ~ 태릉연지 (1시간 30분 소요)

주최 유라시아 그린 이니셔티브
주관 (재)서울미래교육연구원, 태릉역사문화
안보생태 특구지정 범시민운동본부
후원 행정안전부 환경미디어·더스타트

플로깅 걷기대회
참여대상 누구나 참여가능 (학생, 일반인)
참가신청방법 1365 홈페이지 신청 or 당일 현장 신청
집결시간 오전 10시
집결장소 공릉동 근린공원
※ 1365 봉사시간 4시간 연행

청소년 환경표어 공모전
참여대상 초·중·고등학생만
참가신청방법 한글파일 A4사이즈로 표어 작성 후 메일로 접수 ang66666@daum.net
*제출파일명 : 00중학교 0학년 홍길동(010-0000-0000)
시상내역 서울특별시교육감상 서울특별시의회 의장상 서울특별시의 운영위원장상
유라시아그린이니셔티브 이사장상 서울미래교육연구원 이사장상

태릉연지 일대에 서식하는 천연기념물 및 보호종 : 원앙, 황조롱이, 맹꽁이, 하늘다람쥐, 새매, 삵,
족제비, 우수리 땃쥐, 쇠딱따구리, 오색딱따구리, 청딱따구리, 박새, 꾀꼬리 등

맹꽁이   황조롱이   하늘다람쥐

2) 플로깅 행사 개요

유네스코 세계문화유산으로 등재되어 있는 조선왕릉 태릉연지 (습지)의 환경을 정화함과 동시에 걷기를 통한 체력 향상을 목적으로 개최함

1. 사업개요
   ○ 사업명 : 태릉연지(습지) 보존을 위한 플로깅 행사 및 환경보전 UCC 공모전
   ○ 대상 : 유네스코 세계문화유산 조선왕릉 태릉연지(습지)보존에 관심있는 학생이나 일반인
   ○ 기간 : 2023.5~11월(상·하반기 각각 3회, 총 6회)
   ○ 장소 : 유네스코 지정 세계문화유산인 태·강릉 일대의 경춘선 숲길 코스, 태릉 연지(습지) 일대
   ○ 내용
   - 유네스코 지정 세계문화유산과 경춘선 숲길-태릉연지 코스 환경 정화를 통한 환경보전 인식 및 체력단련
   - 청소년 환경보전 UCC공모전을 통한 환경인식 제고
   - 플로깅 활성화, 연지(습지) 보존을 위한 정책세미나 개최

2. 세부추진계획
   ○ 플로깅 행사 및 환경보전 UCC공모전 , 정책세미나 개최
   가. 일정 : 2023. 5 ~ 11(상·하반기 각각 3회, 총6회)
   나. 주요 활동내용
   1) 유네스코 지정 세계문화유산과 경춘선 숲길-태릉연지 코스 환경정화
   - 1365 자원봉사포털 혹은 현장 접수
   - 응급상황에 대한 포괄적인 안전교육 및 올바른 분리배출을 위한 교육 실시
   - 참여자 활동 인증

　　　· 시작 전 플로깅 물품과 함께 단체사진
　　　· 쓰레기 줍는 모습이 나오는 단체사진
　　　· 분리배출 또는 쓰레기통에 버리는 사진 1컷
　　- 모은 재활용 쓰레기를 깨끗하게 세척하고 분리배출

2) 청소년 환경보전 UCC 공모전
　- 청소년(초·중·고등학생)들이 사전에 제출한 환경보전 UCC에 대한 시상
　- 환경보전 UCC공모 경연·플로깅 행사에 참가하는 초·중·고등학생은
　　행사 당일 UCC 작품을 제출하고 활동 확인서 4시간 발급
　- 심사를 거쳐 서울시교육감상, 서울시의회 의장상·부의장상·운영
　　위원장상, 북부교육지원청 교육장상, 주최기관 기관장상 시상

3) 플로깅 행사 활성화를 위한 전문가 정책세미나 개최
　- '플로깅을 국민운동으로 승화 발전시킬 방안 모색' 발제
　- 세계문화유산 조선왕릉 태릉 연지(습지)의 보전을 위한 토론 및 전문가
　　의견 수렴

다. 자원봉사 시간인정 유의사항
　- 플로깅 행사는 회당 최대 2시간씩 인정
　- 환경보전 UCC공모전에 참가하는 초·중·고등학생은 4시간 인정

3. 기대효과
○ 세계문화유산인 조선왕릉 태릉 연지일대에서 건강도 지키고, 문화 및
　환경을 보전하는 일석삼조의 효과 기대
○ 초중고 청소년들에게 환경보전 UCC공모전을 개최하여 환경보전의
　중요성을 일깨울 수 있음
○ 아파트개발사업으로부터 세계문화유산 조선왕릉 태릉의 주위환경이
　훼손되고 있어 행사를 통해 세계문화유산 및 연지(습지) 보전에 대한 인식
　전환

박환희 의원, 유네스코 세계문화유산 조선왕릉 태릉
연지 (습지) 보존을 위한
2023년 제2회 경춘선숲길 플로깅 행사 참석 !

- 아파트개발로 세계문화유산의 완충구역이며 천연기념물이 서식하는
 태릉 연지(습지)를 보호하기 위하여 서울시가 개최!!
- 박환희 의원, "보존약속 미이행 및 무분별한 개발로 인하여 등재
 취소된 영국의 리버풀, 독일의 드레스덴 엘베계곡 등의 전철을 밟지
 않으려면 연지(蓮池)를 습지 및 완충구역으로 지정해야"

☐ 서울시의회 박환희 운영위원장(국민의힘, 노원2)은 지난 17일(토) 오전
 10시 공릉동근린공원-경춘선숲길-태릉연지에서 학생 및 시민들이 함께
 한 '2023년 제2회 경춘선숲길 플로깅 걷기대회'에 참석했다.

☐ 경춘선 숲길 플로깅 행사는 세계문화유산으로 등록되어 있는 조선왕릉
 태강릉과 생물다양성의 보고 습지인 연지(蓮池) 일대가 대규모 아파트
 단지 조성으로 훼손될 위기에 처해있어, 국민들에게 이 같은 사실을
 알려 문화와 환경을 보전하기 위해 서울특별시가 주최하는 행사다.

☐ 이번 행사는 경춘선숲길 플로깅 대회와 환경보존 UCC공모전, 워킹토
 론회 등으로 나뉘져 있으며, 첫째, 플로깅대회는 5월부터 11월까지 총
 6회에 걸쳐 세계문화유산인 태강릉과 천연기념물이 서식하는 연지(습
 지) 일대를 중심으로 쓰레기를 줍는 것으로 구성되었고, 둘째, UCC공
 모전으로 환경보전의 경각심을 고취하기 위하여 우수 UCC를 선정하
 여 교육감상, 서울시의회 의장상 등을 수여할 예정이다. 셋째, 5회차
 플로깅대회와 함께 워킹토론회를 개최할 예정이며, 플로깅을 사랑하고
 환경보전에 관심있는 시민들은 누구나 참석할 수 있다.

□ 박환희 위원장은 "태강릉에 가해지는 지진, 산사태 위협을 완화(완충)하는 '스폰지 역할'을 담당하는 연지(蓮池)가 아파트개발로 유네스코가 인정한 '탁월한 보편적 가치'(OUV ; Outstanding Universal Value) 훼손될 경우, 자칫 연속유산인 조선왕릉 40기가 위험자산으로 분류된 후 등재취소로 이어질 수 있다는 경각심을 가져야 할 것이다."며, "경춘선숲길과 태릉연지에서 개최되는 플로깅과 환경보전 UCC공모전이 세계문화유산 보전을 위한 파수꾼 역할을 담당할 수 있도록 지속적으로 노력하겠다."고 소감을 표명하였다.

□ 세계문화유산 관련 전문가에 따르면, "지금까지 1,000여 건의 세계유산 중 등재취소(총3건)된 영국의 '리버풀, 해양 무역도시', 독일의 '드레스덴 엘베계곡' 및 오만의 '아라비안 오릭스 영양보호구역'의 경우, 당초 세계유산 지정 당시의 보존약속이 이행되지 않고, 무분별한 개발로 인하여 세계유산의 탁월한 보편적 가치(OUV)가 훼손된 사례로, 김포장릉의 '왕릉뷰아파트' 사태를 계기로 세계유산 지정당시의 권고사항 이행정도 점검, 세계유산영향평가 도입 등이 이루어져야 할 것이다"고 말하였다.

□ 한편, 박환희 위원장은 지난 7월 개원 이후 국토교통부가 주민의 요구를 무시한 채 일방적으로 추진하고 있는 아파트개발 반대와 태릉 연지의 문화생태 보존을 위해 다양한 사업을 추진해 왔으며, 지난 5월 '서울 소재 세계문화유산 조선왕릉의 보호관리 기본 구상(지역개발 압력에 노출된 태강릉 지역 보존방안을 중심으로)' 연구용역을 의뢰하여 착수보고를 받을 예정이다.

※ 아파트개발 반대청원1호(국토교통부), 태릉 연지보존 대책촉구결의(문화재청), 태릉연지 습지지정 요청(서울시), 태릉연지 연구용역, 세계유산영향평가 도입 토론회, 플로깅대회(2022)

유네스코 세계문화유산 **조선왕릉 태릉연지(습지)** 보존을 위한

2023년 경춘선숲길 플로깅 & 환경보존UCC 공모전

행사기간 2023. 05. 13 ~ 11.25 (오전 10~12시)　　**행사장소** 노원구 공릉동 일대
참여대상 노원구 소재 초,중,고등학생 및 성인 누구나　　**참여혜택** 1365자원봉사 시간등록

태릉연지 일대에 서식하는 천연기념물 및 보호종: 원앙, 황조롱이, 맹꽁이, 하늘다람쥐, 새매, 삵, 족제비, 우수리 땃쥐, 쇠딱따구리, 오색딱따구리, 청딱따구리, 박새, 꾀꼬리 등

플로깅 일정　플로깅이란? 이삭줍기를 의미하는 스웨덴어의 합성어로, 조깅을 하면서 쓰레기를 줍는 행동을 말합니다.

▶ 1회차　2023. 05. 13 (토) *집결시간 오전 10시 녹천중학교~공릉동근린공원
▶ 2회차　2023. 06. 17 (토) *집결시간 오전 10시 공릉동근린공원~ 삼육대 ~ 공릉동근린공원
▶ 3회차　2023. 08. 26 (토) *집결시간 오전 10시 녹천중학교 ~ 공릉동근린공원
▶ 4회차　2023. 09. 23 (토) *집결시간 오전 10시 공릉동근린공원~ 삼육대 ~ 공릉동근린공원
▶ 5회차　2023. 10. 21 (토) *집결시간 오전 10시 녹천중학교 ~ 공릉동근린공원
▶ 6회차　2023. 11. 25 (토) *집결시간 오전 10시 공릉동근린공원~ 삼육대 ~ 공릉동근린공원

환경보존 UCC공모전

▶ 신청자모집　~2023. 10.30.　　　　　　　▶ 공모전발표　2023.11.25.(토)플로깅행사현장
▶ 작품제출처　서울미래교육연구원 (changmin57@naver.com)　▶ 공모전시상　교육감, 서울시의회 의장상 등 표창

주 최 : 서울특별시　　주 관 : 교육공동체우리누리사회적협동조합
후 원 : 서울미래교육연구원, 태릉역사문화안보생태특구지정 범시민운동본부, 초록태릉을 지키는 시민들, 환경미디어

〈플로깅 행사 사진〉

5. 태릉 연지-경춘선 숲길이 예술과 문화의 거리로 재탄생

박환희 위원장, 경춘선숲길, 제2의 대학로, 젊음의 거리 조성 적극 환영

- 7대 의원 시절, 경춘선 폐선부지 공원화사업으로 탄생된 경춘선숲길이 예술과 문화의 거리로 재탄생되길 바란다고 소감 표명
- 생태계 보고인 세계문화유산 태릉, 연지(蓮池)와 연계한 사업추진 주문
- 서울시, 7호선 공릉역 2번 출입구 골목상권, 3년간 최대 30억원 투입

☐ 서울시의회와 서울시가 태릉 일대와 연계해 경춘선숲길을 제2의 대학로, 젊음의 거리로 조성을 추진한다.

☐ 16일 서울특별시의회 박환희 운영위원장(국민의힘, 노원2)은 "서울시가 광운대, 과기대, 서울여대, 삼육대, 육군사관학교, 인덕대 등 대학이 밀집된 지역 특성을 반영해 동북권 대표 명소로 자리매김한 '경춘선숲길'을 제2의 대학로로 조성할 계획"이라고 밝혔다.

☐ 서울시가 박 위원장에게 제출한 "경춘선숲길 활성화 계획"에 따르면, 서울시는 과거 향수와 젊음이 공존하는 경춘선숲길의 특성을 살려 예술과 문화가 공존하는 특색 있는 거리로 조성하기 위해 올해 연구용역과 시설개선 등을 추진할 계획이다.

☐ 해당 계획을 서울시로부터 보고받은 박 위원장은 "오랜 기간 철도로 단절되고 소외되어 주변환경이 열악했던 당시 공릉동 일대에 주민 여가시설과 녹지공간 확보를 위해 제7대 서울시의원(2006~2010) 재임 시부터 오세훈 시장과 함께 경춘선 폐선부지 공원화 사업을 추진해 노력한 결과, 광운대역에서 서울시계에 이르는 연장 6km, 면적 약 17만 8천㎡에 이르는 경춘선숲길이 조성됐다"고 말했다.

☐ 이어 박 위원장은 "이웃한 태릉과 연지 일대는 유네스코 세계문화유산인 동시에 다양한 동·식물이 서식하고 있는 생태의 보고라는 점에서 경춘선숲길과의 연계된 종합적이고 체계적인 관리 방안 마련이 시급하다."고 서울시에 주문했다.

☐ 박환희 위원장은 최근 '태릉 인근에 대한 자연환경 및 생태계 조사 연구용역'에서 태릉 연지(蓮池)에 수령 200년 이상의 나무 뿐만 아니라 황조롱이, 원앙, 하늘다람쥐를 비롯한 천연기념물, 멸종위기종인 맹꽁이, 솔부엉이 등의 서식이 확인된 만큼 태릉 및 연지 일대를 생태·경관 보호지구로 지정해야 한다'고 촉구한 바 있다.

☐ 또한, '태릉골프장 일대 부지보존 및 활용방안 등에 관한 시민여론조사 보고서'에 따르면, 서울 노원구민 10명 중 7명은 그린벨트인 태릉골프장 부지를 역사문화생태공원으로 조성해야 한다고 보는 것으로 나타나 향후, 태릉골프장 부지에 대한 활용 방향을 제시하고 있다.

☐ 또한, 박 위원장은 "지난 25일 서울시 로컬브랜드 상권 육성사업 대상지로 선정돼 3년간 최대 30억원이 투입되는 7호선 공릉역 2번 출입구 골목상권과의 연계로 지역경제 활성화에 추진력을 확보할 수 있도록 부서간 상호 협력할 것"을 당부했다.

□ 로컬브랜드 상권 육성사업은 1차년도 최대 5억원, 2~3차년도에는 연차별 최대 10억원을 투입해 각종 시설과 인프라, 콘텐츠 개발 등 상권 발전에 필요한 다양한 지원을 통해 특색 있는 골목브랜드를 선보이고, 이를 통해 상권에 활력을 불어넣는 사업이다.

□ 박환희 위원장은 "경춘선숲길 활성화를 위해 수변공간 조성과 주차시설 확보 등의 주민 의견을 적극 반영해 연구용역과 시설 개선 등의 사업이 추진될 수 있도록 노력하겠다"고 말했다.

□ 한편, 세계문화유산 지킴이로 활동하고 있는 박환희 위원장은 지난해 11월 유네스코 세계문화유산인 조선왕릉 태릉, 蓮池(습지)의 생물다양성에 대한 보존가치가 높은 천연기념물과 법정보호종 생물서식처를 학생 및 시민들이 함께한 플로깅(plogging)은 걸어서 쓰레기를 주우며, 환경정화도 하고 마을명소도 함께 둘러보는 의미 있는 행사에는 세계문화유산 조선왕릉 태릉 蓮池(습지) 보존에 관심이 있는 학생과 시민들이 참여하여 성황리에 진행한바 있다. 플로깅대회는 올해에는 6회 정도 개최될 예정이다.

제 **3** 장

세계문화유산 보호활동

제3장 세계문화유산 보호활동

1. 세계유산조례 제정 및 토론회

1) 세계유산조례 제정

> **박환희의원, 대표발의한 '서울특별시 유네스코 세계유산의 보존·관리 및 활용에 관한 조례안' 상임위 통과!**
>
> – 아파트 개발 압력으로부터 세계유산인 조선왕릉(태릉) 실태조사 등을 거쳐 서울시 차원의 체계적인 보호 및 활용대책 수립 가능 !!
> – 박환희 의원, "천연기념물 서식지, 태릉의 연지를 미래세대를 위해 생태공원(습지) 및 문화재로 지정하여 보전해야"

☐ 서울시의회 박환희 운영위원장(국민의힘, 노원2)이 대표발의한 '서울특별시 유네스코 세계유산의 보존·관리 및 활용에 관한 조례안'이 21일 문화체육관광위원회 심사를 통과했다.

☐ 이번에 통과된 조례안은 '세계유산의 보존·관리 및 활용에 관한 특별법(2020.2)'과 같은 법 시행령(2021.2)이 제정·시행됨에 따라 서울시 차원에서 각종 개발로부터 세계유산의 보존·관리 및 활용을 위한 시책을 수립하고 추진하는 것을 목적으로 하고 있다.

□ 이번 조례안은 서울시 차원에서 세계유산별 종합계획과 시행계획을 수립하도록 하고, 전문가·지역주민이 참여하는 세계유산보존협의회를 구성하여 각종 계획과 사업 시행에 관하여 협의하도록 하고 있다.

- 또한, 세계유산 보존을 위한 학술연구와 실태조사, 지역주민 교육사업 및 세계유산 보존·관리 및 홍보활동에 기여한 사람에게 포상을 하는 것을 골자로 하고 있다.

□ 박환희 위원장은 "태릉일대가 택지개발 추진으로 세계유산 등재가 취소될 우려가 있음에도, 세계유산영향평가제도가 법적으로 의무화가 되어 있지 않고 있어 본 조례안이 각종 개발로부터 위협을 받고 있는 세계문화유산의 보존에 큰 기여를 할 것으로 본다."며,

- 또한, "본 조례안이 12월 본회의를 통과하여 조선왕릉, 창덕궁, 종묘뿐만 아니라 한양도성의 등재 추진과 서울시의 세계유산에 대한 관리·활용이 보다 체계적으로 이루어지길 바란다."하였으며, "주민들의 적극적인 홍보·교육 및 포상 등을 통하여 세계유산이 원형대로 보존되어 미래세대에 물려줄 수 있기를 바란다."고 소감을 전했다.

서울특별시 유네스코 세계유산의 보존·관리 및 활용에 관한 조례

제1조(목적) 이 조례는 「세계유산의 보존·관리 및 활용에 관한 특별법」 및 「세계문화유산 및 자연유산의 보호에 관한 협약」에 따른 서울특별시 내 세계유산의 보존·관리 및 활용에 필요한 사항을 규정함으로써 인류 공동의 자산을 보존하고, 시민의 문화적 자긍심을 높이는 데 이바지함을 목적으로 한다.

제2조(기본이념) 이 조례는 세계유산이 전 인류가 공동으로 보존하고 후손에게 전수해야 할 탁월한 보편적 가치와 진정성, 완전성을 지닌 자산이므로 이를 보존·관리하고 그 가치를 손상하지 않는 범위에서 적절히 활용하면서 미래세대에 양호한 상태로 인계하는 것을 기본이념으로 한다.

제3조(정의) 이 조례에서 사용하는 용어의 뜻은 다음과 같다.
1. "세계유산"이란 「세계문화유산 및 자연유산의 보호에 관한 협약」(이하 "세계유산협약"이라 한다)에 따라 국제연합교육과학문화기구(이하 "유네스코"라 한다)의 세계유산목록에 등재된 유산을 말한다.

2. "잠정목록"이란 세계유산협약 제11조제1항에 따라 세계유산목록에 등재될 만하다고 판단하여 유네스코에 제출하여 등재된 유산의 목록을 말한다.

3. "세계유산지구"란 「세계유산의 보존·관리 및 활용에 관한 특별법」(이하 "법"이라 한다) 제10조에 따라 문화재청장이 세계유산 구역과 세계유산 완충구역으로 구분하여 지정한 구역을 말한다.

제4조(시장의 책무) ① 서울특별시장(이하 "시장"이라 한다)는 세계유산의 보존·관리 및 활용을 위한 시책을 수립·추진하고, 이에 필요한 행정적·재정적 지원을 위하여 노력하여야 한다.

② 시장은 서울특별시 내 우수한 유산을 세계유산으로 등재하기 위하여 적극 노력하여야 한다.

③ 시장은 시민, 이해관계자, 관계 전문가 등이 세계유산 관련 정책의 수립 및 시행에 적극 참여할 수 있도록 보장하여야 한다.

제5조(적용 범위) 이 조례는 서울특별시에 소재한 세계유산 및 잠정목록 유산(이하 "세계유산 등"이라 한다)에 대하여 적용한다. 다만, 「문화재보호법」 제33조에 따른 세계유산은 제외한다.

제6조(다른 조례와의 관계) 세계유산의 보존·관리 및 활용에 관하여 다른 조례에 특별한 규정이 있는 경우를 제외하고는 이 조례에서 정하는 바에 따른다.

제7조(세계유산별 시행계획의 수립·시행)

① 시장은 법 제12조에 따른 종합계획과 세계유산등재신청서의 내용을 반영한 세계유산별 시행계획(이하 "시행계획"이라 한다)을 5년마다 수립하여야 한다.

② 시행계획에는 다음 각 호의 사항이 포함되어야 한다.

1. 기본방향 및 목표
2. 사업의 시행
3. 시민 참여 활성화 방안
4. 세계유산지구 내 관광 활성화 방안
5. 세계유산지구 내 주민의 삶의 질 향상 방안
6. 교육 및 홍보 활성화 방안
7. 관련 기관·단체 간의 협력 증진 방안
8. 재원의 조달
9. 그 밖에 해당 세계유산의 보존·관리 및 활용과 주민 지원을 위하여 시장이 필요하다고 인정하는 사항

제8조(연도별 사업계획의 수립·시행) 시장은 시행계획에 따라 제9조의 사업을 효율적으로 추진하기 위하여 연도별 사업계획을 수립·시행하여야 한다.

제9조(세계유산 보존·관리 및 활용사업 등) ① 시장은 세계유산의 보존·관리 및 활용을 위하여 다음 각 호의 사업을 추진할 수 있다.

1. 세계유산 등에 대한 보존·관리 및 학술연구·조사
2. 세계유산 등에 대한 구술사(口述史)·생활문화자료 등의 구축·활용
3. 세계유산 등을 활용한 교육·홍보 및 시민의 인식개선
4. 세계유산으로 등재하기 위한 대상 문화유산 발굴 및 조사
5. 세계유산지구에서의 환경정화 등에 대한 주민 참여 활성화 및 주민의 삶의 질 향상을 위한 사업
6. 그 밖에 시장이 필요하다고 인정하는 사업

② 시장은 제1항에 따른 사업을 추진하는데 필요한 경비의 전부 또는 일부를 「서울특별시 지방보조금 관리 조례」에 따라 예산의 범위에서 보조할 수 있다.

제10조(세계유산 등의 멸실·훼손 구간 복원 노력 등) ① 시장은 세계유산 등의 멸실·훼손 구간에 대한 연구·발굴·복원 등을 통해 그 원형을 회복하기 위하여 노력하여야 한다.

② 시장은 「문화재보호법」 제62조에 따른 관리청 또는 총괄청이 국유에 속하는 세계유산 등의 멸실·훼손 구간 복원과 관련한 협조를 요청하는 경우에 적극 협력하여야 한다.

③ 시장은 멸실·훼손된 세계유산 등의 주변 지역 경관 등을 보존하는 데 필요한 사항을 광역도시계획, 도시·주거환경정비기본계획 등에 반영하여야 한다.

제11조(서울특별시 세계유산보존협의회의 구성·운영) ① 시장은 다음 각 호의 사항을 협의하기 위하여 세계유산별로 서울특별시 세계유산보존협의회(이하 "협의회"라 한다)를 구성·운영할 수 있다.

1. 시행계획의 수립·재검토에 관한 사항
2. 연도별 사업계획의 수립 및 시행에 관한 사항
3. 세계유산지구의 지정·변경 및 해제에 관한 사항
4. 세계유산협약 제8조에 따른 세계유산위원회에 요청하는 사항
5. 세계유산의 탁월한 보편적 가치에 중대한 영향을 미칠 수 있는 복원

· 건설사업 등의 시행에 관한 사항

 6. 그 밖에 세계유산의 보존·관리 및 활용을 위하여 시장이 필요하다고 정하는 사항

② 협의회는 위원장 1명을 포함한 10명 이내의 위원으로 구성하되, 위원은 다음 각 호의 사람 중에서 시장이 위촉 또는 임명한다.

 1. 서울특별시의회 의원

 2. 지역주민 대표

 3. 건축·도시계획·관광·환경·문화재 분야의 업무에 종사한 사람으로서 세계유산에 관한 지식과 경험이 풍부한 전문가

 4. 세계유산 관련 업무 담당 공무원

 5. 그 밖에 시장이 필요하다고 인정하는 사람

③ 그 밖에 협의회의 구성·운영에 필요한 사항은 「세계유산의 보존·관리 및 활용에 관한 특별법 시행령」 제9조부터 제12조까지에서 규정하는 바에 따른다.

 제12조(위탁) 시장은 제8조 및 제9조제1항에 따른 사업을 전문적이고 효율적으로 수행하기 위하여 「서울특별시 행정사무의 민간위탁에 관한 조례」에 따라 세계유산 분야에 관한 전문성을 갖춘 기관이나 법인 또는 단체 등에 위탁할 수 있다.

 제13조(협력체계 구축) ① 시장은 세계유산의 보존·관리 및 활용을 위하여 중앙행정기관, 다른 지방자치단체 및 관련 법인·단체 등과 협력체계를 구축하여야 한다.

② 시장은 제1항에 따른 협력체계 구축을 위하여 필요한 경우에 업무협약 등을 체결할 수 있다.

 제14조(포상) 시장은 세계유산 및 잠정목록 유산의 보존·관리와 홍보활동에 공로가 현저한 사람 또는 단체를 선정하여 포상할 수 있다.

 부   칙 <제8569호, 2022.12.30>

이 조례는 공포한 날부터 시행한다.

2) 세계문화유산 보존 토론회

박환희 위원장
세계문화유산 보존 · 관리 활성화 방안 토론회 개최

- 세계문화유산 보존관리를 위한 유산영향평가(HIA) 도입 촉구
- "김포 장릉 사태 다시 반복되어서는 안 되는 불행한 일"
- 상임위원장단 포함 시의원 20여명 이상 참가해 세계유산 보존의지 밝혀

□ 서울특별시의회 박환희 운영위원장(국민의힘, 노원2)이 29일 '세계문화유산 보존·관리 활성화 방안 토론회'를 개최했다.

□ 이날 토론회는 보존과 개발이라는 상충되는 가치 앞에서 위기에 처한 세계문화유산 보호와 합리적인 관리 방안 모색을 위해 열렸다.

□ 이날 발제에 나선 서울시립대학교 김충호 교수는 "1995년 석굴암과 불국사, 해인사 장경판전을 시작으로 현재 세계유산으로 등재된 국내 유산이 15건에 이른다"고 소개하고, "이제는 세계유산 등재를 위한 노력과 함께 유네스코 협약에 따라 보존과 개발 사이의 균형을 찾기 위한 세계유산영향평가(Heritage Impact Assement, HIA) 제도 도입을 서둘러야 할 때"라고 주장했다.

□ 두 번째 발제에 나선 정부조달연구원의 주노종 박사는 "김포 장릉 사태에서 보듯 세계유산에 등재된 조선왕릉 보존이 심각한 위기에 처했다"고 진단하고, "정부가 근시안적인 시각으로 조선왕릉의 역사성을 훼손하는 정책 실패를 재현해서는 안 된다"고 역설하면서, "현재 태릉을 포함해 왕릉 주변에 계획된 택지개발 계획을 전부 백지화하고 해당 지역

을 역사·생태지역으로 보존해 후세에 물려줘야 할 것"이라고 주장했다.

☐ 이어서 김영수 서울시립대학교 연구교수, 김홍진 서울시 문화재관리과장, 이상훈 육군사관학교 교수, 조윤기 전 한성대학교 교수가 자유토론에 나서 영국 리버풀 사례를 통해 세계유산의 등재취소 가능성, HIA 도입 현실화 방안, 세계유산 보호를 위한 지역 주민들의 자발적인 노력의 중요성, 문화재청을 포함한 관계기관의 적극적인 노력 등 세계문화유산 보호와 관련한 다양한 현안을 자유롭게 나눴다.

☐ 이날 토론회를 주관하고 좌장을 직접 맡아 토론회를 이끈 박환희 위원장은 "문재인 정부가 부동산 정책의 실패를 만회하기 위해 급하게 태릉 인근에 공공임대주택 건설계획을 발표하면서, 세계문화유산으로 등재된 태릉과 강릉의 역사성 훼손이 눈앞에 닥쳤다"고 비판하고, "공공임대주택 건설예정지인 태릉골프장은 역사적으로 태릉의 부속물인 연지(蓮池)로 추정되는 습지를 포함하고 있는 것은 물론이고 잘 보존된 수령 2~300년 이상의 다양한 수종들과 하늘다람쥐와 맹꽁이를 비롯한 법정 보호종이 다수 서식하는 것으로 확인된 생태의 보고로 반드시 지켜져야 한다"고 역설했다.

☐ 이날 토론회에는 남창진 부의장과 최호정 국민의 힘 원내대표를 포함해 서울특별시의회 상임위원장단 대부분(이숙자 기획경제위원장, 남궁역 환경수자원위원회 부위원장, 이종환 문화체육관광위원장, 강석주 보건복지위원장, 김용호 정책위원장, 민병주 주택공간위원장, 도문열 도시계획균형위원장, 박중화 교통위원장, 고광민 교육위원회 부위원장)이 참여해 눈길을 끌었다. 상임위원장들은 토론회에 앞서 개막식에 참여해 축사를 통해 평소 태릉과 세계문화유산 보호에 앞장선 박환희 위원장의 노력을 격려하고, 위기에 처한 세계유산보호를 위해 상임위원회 차원의 노력과 지원을 약속했다. 아울러, 세계유산보호를 위한 박 위원장의 활동이 전국적으로 확산될 수 있도록 함께 노력할 것도 다짐했다.

□ 한편, 박환희 위원장은 세계유산의 보존과 관리 활용방안을 담은 「서울
특별시 유네스코 세계유산의 보존·관리 및 활용에 관한 조례안」을 전
국 최초로 발의했으며, 해당 조례는 12월 상임위원회와 본회의 심사를
거쳐 시행될 예정이다.

2. 세계유산영향평가제도 입법화를 위한 과제

1) 5가지 보존 관리 제언

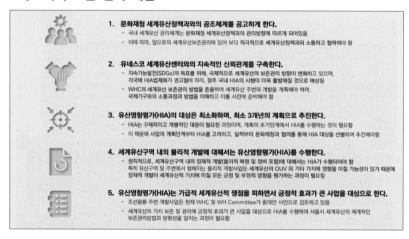

2) 태릉-강릉 완충구역 보존지침 관련 자료 (예시)

세계유산 종묘와 창덕궁을 중심으로

1995년과 1997년 유네스코(UNESCO) 세계유산으로 등재된 종묘와 창덕궁은 당시 유산 주변에 완충구역이 설정되지 않은 채 등재되었다. 그리고 현재까지 이들 유산 주변에는 완충구역이 별도로 설정되지 않은 채, 국내 문화재보호법과 서울시 문화재보호조례상 유산의 주변 반경 100m로 지정된 역사문화환경 보존지역이 적용되고 있을 뿐이다. 그러나 보존지역 외부의 개발 행위가 유산에 크게 영향을 미칠 수 있음에도 불구하고, 이 부분에 대해서 규제를 할 수 없는 취약점이 나타나고 있다. 지난 2009년에 문화재청에 허가신청되었던 종묘 앞 세운4구역의 고층계획안은 보존지역 외부에서 유산에 부정적인 영향을 야기하는 개발의 대표적인 사례로,

세계유산 보호를 위해서는 적절한 완충구역이 마련되어 관리될 필요가 있음을 보여주었다.

세운4구역 사례에서는 해당 구역이 문화재보호법의 규제 범위 밖에 위치하였음에도 불구하고, 세계유산의 특수성 때문에 문화재위원회의 심의가 2010년 5월까지 수차례 진행되었다. 제안된 건축물의 높이가 종묘 내부에서 조망되어 경관적 가치를 해친다는 판단에 기초하여 건축물의 높이가 대폭 축소되었다. 이러한 일련의 심의 과정에 대하여 일각에서는 환영하였지만, 다른 일각에서는 법적 근거가 불충분한 채 사회적 공감대로만 진행되었다는 비판을 제기하였다. 따라서 근본적인 접근으로서 해당 유산을 보호하기 위하여 주변에 유산의 역사문화환경으로서 외부의 개발영향을 관리하는 역할을 하는 완충구역을 마련하는 것이 바람직하였을 것이다.

최근 문화재청은 2012년 정기보고에 맞추어 국내 세계유산의 완충구역 설정 작업을 추진 중이나, 단순히 역사문화환경 보존지역 규정과 일치시키려는 현재의 접근은 유산 주변의 역사문화환경을 적절하게 고려하지 못하게 된다. 기존 선행연구에서는 역사문화환경 보존지역 제도의 한계를 지적하면서 역사문화환경의 특성을 고려한 범위 설정을 대안으로 제시한 바 있으며, 본 연구에서는 이러한 작업의 연장선상에서 유산 주변의 역사문화환경이 지니는 역사적·공간적·시각적 가치를 고려한 도심부 세계유산의 완충구역의 적정 범위를 실질적으로 도출하는 것을 목적으로 하였다.

국내 도심부 세계유산의 대표적인 사례로서, 유산 주변에 역사문화환경이 아직 잘 남아 있으며 이미 각계 전문가들의 논의와 사회적 반향을 불러일으킨 바 있는 서울의 종묘와 창덕궁 일대를 사례 대상지로 선정하였다. 종묘와 창덕궁은 주변의 역사문화환경이 유산과 관련하여 지니는 특성, 관계가 함께 보존관리되는 경우 유산의 가치가 효과적으로 유지될 수 있으며, 이것은 완충구역으로 표현될 필요가 있다고 여겨졌다. 이들 유산 주변의 궁궐시설, 부속시설, 관아시설 등 유형 문화유산/유적지와 역사적으로 형성된 필지형태/가로체계 등은 유산의 특성을 보다 강화하는 역할을 하여 유산과 함께 보전될 역사문화환경이라고 볼 수 있다. 따라서 대상지 일대의 역사문화환경을 유산적, 도시계획적, 시각적/경관적 관점의 세 가지 관점에서 분석하여 완충구역 설정 기준 검토를 시도하였다.

완충구역 설정 기준의 핵심적인 요소로서 종묘 및 창덕궁과 직간접적으로 관련된 역사문화자원, 기타 대상지 일대의 역사문화자원, 조선 한성부의 옛 가로체계와 역사적 도시조직, 종묘 및 창덕궁 내외부에서의 조망과 관련법제의 현황을 분석하였다. 분석 결과, 종묘와 창덕궁은 조선시대 한성부의 건설과 함께 형성된 유산으로, 한성부의 도시구조에 대한 배경을 반영해야만 유산 및 유산 주변 환경의 가치가 충분히 표현됨을 알 수 있었다. 따라서 한성부의 옛 도시공간과 밀접한 관련이 있는 돈화문로, 종로, 창덕궁길을 우선적으로 반영한 다음, 대상지 주변의 문화유산 분포와 도시계획수단상의 도시조직, 개발현황, 개발가능성, 유산 내외부에서의 가시적 거리, 유산이 소재한 종로구의 행정구역 경계, 주변의 자연적 지형 등을 순차적으로 종합 반영하여 종묘 및 창덕궁 유산의 완충구역 범위를 도출할 수 있었다.

본 연구의 결과로서 제시된 유산의 완충구역 범위는 기존의 역사문화환경 보존지역 범위와 비교하였을 때 유산 주변의 역사문화환경을 보다 효과적으로 반영하게 되는 점이 확인되었다. 본 연구의 결과는 유산의 완충구역이 유산과 유산 주변과의 관계를 정의하고 매개하는 중요한 역할을 수행하여, 유산의 보존관리와 도시계획 간의 연결점을 제공할 수 있음을 보여주었다. 완충구역 내 각 요소마다 종묘와 창덕궁과 관련하여 관계가 정의되는 측면은 완충구역의 설정 이후 관리 단계에서도 기존의 일률적인 규제사항들을 대체하는 효과를 가질 수 있을 것으로 기대되었다. 가령, 종묘 서측의 돈화문로 일대는 현행 역사문화환경 보존지역 제도상에서는 건축물 높이 제한만을 받고 있으나, 이 일대에 수립된 지구단위계획의 내용을 세계유산 완충구역의 범위로 포함시킬 수 있게 됨에 따라 가로환경 개선, 세필지 및 옛 물길 형태 유지, 위해 업종의 제한 등 보다 다양한 지침들이 마련될 수 있을 것이다. 또한, 종묘 및 창덕궁 주변에 분포하는 다수의 문화유산들에 대해서 기존에 방치된 상태에서 벗어나, 유산과 연계시켜서 임금의 행차로 등의 프로그램을 위한 보다 효과적인 활용 방안을 마련하는 것이 가능하게 된다.

본 연구는 유산을 중심으로 한 물리적인 보호구역으로서의 도심부 세계유산 완충구역에 관한 논의를 유산의 역사적, 도시계획적. 시각적/경관적 가치를 반영하는 유산 주변 역사문화환경으로서의 논의로 발전시켰다는 데에 의의가 있으며, 이러한 입장에서 종묘와 창덕궁 완충구역 설정 방안을 대안적으로 제시하여 기존의 역사문화환경 보존지역 제도보다 더 효과적으로 세계유산이 보존관리 될 수 있음을 예시하였다. 또한, 그 동안 세계유산 보존관리에 관한 국내의 논의가 유산 중심에 치우쳐 있었던 반면에 유산 주변 역사문화환경까지로 논의의 범위를 확장시키는 의의를 가지고 있다. 본 연구의 결과는 향후 국내 여타 도심부 세계유산의 완충구역 설정에 있어서 설정 체계를 마련해볼 수 있는 기초자료로 활용될 수 있을 것이다.

그러나 본 연구는 완충구역 설정 및 역사문화환경 보전의 대상이 되는 거주자 및 토지소유자의 입장과 의견을 반영하지 못하였다. 이후 연구에서 이러한 부분이 도심부 세계유산 완충구역의 설정 방안으로서 함께 고찰될 수 있다면, 더욱 풍부한 결과가 나올 수 있을 것이다.

세계문화유산 보존·관리 효율화 방안

서울시 세계유산 보존관리를 위한 유산영향평가(HIA) 제언

서울특별시의회 의원회관 | 2022. 11. 29.

서울시립대 도시공학과 김충호 교수

서울시립대학교
UNIVERSITY OF SEOUL

3. 문화재지킴이 활동

1) 문화재 지킴이 위촉

박환희 위원장, 세계문화유산 보호를 위한 문화재지킴이 위촉 ‼

- "아파트개발로 등재취소 위기에 처한 세계문화유산(태릉) 및 연지(蓮池) 보호를 위하여 전국 8만 문화재지킴이들의 염원을 모을 것"
- 임진왜란 때 조선왕조실록을 지키는 심정으로 문화재를 수호할 것 약속

□ 서울특별시의회 박환희 운영위원장(국민의힘, 노원2)이 30일 한국문화재지킴이단체연합회(회장 오덕만)로부터 문화재지킴이 위촉을 받아 각종 위협을 받고 있는 우리의 소중한 문화유산 보호를 위해 적극 노력할 것을 약속하였다.

□ 2015년 설립된 (사)한국문화재지킴이단체연합회는 문화유산의 온전한 보존과 활용을 위한 문화재 사랑운동을 보급·선양하고 지킴이 활동의 활성화를 목적으로 하고 있으며, 서울강원권·경기인천권·충청권·경상권·전라제주권 등 5개 권역 거점센터와 협력지원센터를 운영하고 있다.

※ 한국문화재지킴이단체연합회 현황
  - 전국 147개 단체(서울지역은 31개), 전국 문화재지킴이 8만명(서울지역은 1만 5천명)

□ 박 위원장은 "우리의 소중한 문화재가 화재·홍수·대기오염 등 자연환경
   적 요인 뿐만 아니라 대규모 택지개발 등 사회적 요인으로부터 파괴되
   고 있음에도, 국가나 지방자치단체의 문화재 보호활동은 재정적·행정적
   으로 한계가 있다는 점에서 시민들 한분한분이 문화재지킴이가 되어
   문화재를 아끼고 사랑하는 노력이 필요하다"고 하면서 "향후, 한국문화
   재지킴이단체연합회와 함께 소외되고 방치된 문화재를 찾아내고 지속
   적인 관심과 돌봄을 통해 문화재의 가치를 재창출하고, 공동체문화를
   형성하는 등 문화재지킴이로서의 역할을 충실히 할 것"을 약속했다.

□ 특히, 박환희 위원장은 "문화재지킴이제도가 대한민국의 수도 서울에서
   뿌리를 내리기 위해서는 관련 조례를 만들어야 할 것이며, 필요하다면
   재정적 지원이 이루어져 문화재지킴이 활동이 활성화될 수 있도록 노
   력을 아끼지 않을 것"이라고 하였으며, "향후, 전국의 문화재지킴이들
   에게 자긍심을 심어주기 위해서 세계문화유산인 조선왕릉 태릉에서 내
   년도 '문화재지킴이의날(6월22일)' 행사를 개최해 줄 것"을 요청하였
   다.

박환희 의원, 대표 발의한
'서울특별시 문화재지킴이 활동에 관한 조례안' 본회의 통과!!

– 문화재지킴이 활성화 추진계획 수립, 행정적·재정적 지원 규정 등 명시
– "민간차원의 문화재지킴이 지원으로 각종 개발로부터 위협을 받고 있는
  세계문화유산 보호가 가능해져 시민의 문화적 삶의 질 향상 기대"

□ 서울특별시의회 박환희 운영위원장(국민의힘, 노원2)이 대표발의한 '서울
  특별시 문화재지킴이 활동에 관한 조례안'이 10일 본회의를 통과했다.

□ 이번에 통과된 조례안은 서울특별시 문화재의 홍보 및 보호 관련 활동을
  확대하기 위하여 문화재지킴이 활동을 활성화하고 이에 관한 사항을 규정
  하여 서울시 문화재 보존과 가치 확산에 기여하고 시민의 문화 향유 기회
  확대 및 문화적 삶의 질 향상에 이바지하는 것을 목적으로 하고 있다.

□ '문화재지킴이'란 문화재 보호와 가치 인식 확대를 위해 문화재청이 위
  촉하는 활동가로서, 현재 전국적으로 8만 명이 활동하고 있으며, 서울시
  에는 약 1만 5천명의 문화재지킴이가 활동하고 있는 것으로 알려진다.

□ 이번 조례안의 주요 내용으로는 문화재지킴이 활성화를 위한 ▲추진계
  획의 수립·시행 ▲협력체계 구축 ▲행정·재정적 지원 ▲홍보 및 교육
  ▲포상 관련 규정 등이 있다.

□ 지난해 12월 문화재지킴이로 위촉을 받아 문화재 보호에 앞장서고 있
  는 박 위원장은 "문화재를 더 가깝고 즐겁게 감상하기 위한 시민들의
  문화 욕구가 증가함에 따라 문화재지킴이의 중요성도 커지고 있다"며
  "이번 조례안이 민간차원의 지킴이 활동을 체계적으로 지원·독려하여

시민들의 문화적 삶의 질 향상에 이바지할 것으로 기대한다"고 말했다.

□ 특히, 박 위원장은 "8만 명의 민간 문화재지킴이의 활동을 지원하는 본 조례안이 화재·홍수·대기오염뿐만 아니라 무분별한 개발로부터 위협을 받고 있는 문화재 보호에 큰 기여를 할 것으로 본다 "며, "향후, 문화재지킴이 조례제정이 시·도로 확대되고, 나아가 국민적 확산을 위해서 '문화재지킴이의 날'이 국가기념일로 제정될 수 있도록 노력을 아끼지 않을 것"이라고 하였다.

□ 한편, 박 위원장은 지난달 9일 금년도 문화재지킴이의날(6.22) 행사를 아파트개발로부터 위협을 받고 있는 태릉(세계문화유산)으로 유치하였으며, 한국문화재지킴이단체연합회·전주이씨대동종약원·유네스코한국위원회 등과 함께 세계문화유산인 조선왕릉(태릉) 보호를 위한 합동간담회 개최를 준비하는 등 문화재지킴이로서의 역할을 충실하게 수행하고 있다.

□ 그 동안, 박 위원장은 세계문화유산인 조선왕릉 태릉일대 보호를 위해 태릉골프장 개발 반대청원(1호), 6개 상임위원장단과의 국토교통부 사업반대 성명 발표, 태릉 연지(蓮池)의 생물다양성 조사연구용역, 습지보호지역 지정 요청, 세계문화유산영향평가 도입 토론회 개최 등 다양한 활동을 이어가고 있다.

박환희 위원장, 문화재지킴이의 날[6.22] 행사 서울태릉 유치 !!

□ 서울특별시의회 박환희 운영위원장(국민의힘, 노원2)은 2일 한국문화재지킴이단체연합회(회장 오덕만)가 '문화재지킴이의 날(매년 6월 22일)' 행사를 금년도에는 택지개발 위협을 받고 있는 서울 태릉에 유치하였다.

□ 문화재지킴이날 (6월 22일)은 정부 차원에서 「문화재지킴이 날」을 지정·선포하고 매년 이를 기념하여 지킴이 활동의 동기부여 및 활성화를 도모해서 범국민적인 문화재사랑운동으로 승화시키고자 하는 것으로 임진왜란 당시 실록을 보호한 정읍 유생들이 자발적으로 참여한 역사를 지킴이의 역사성과 연결시켜 제정된 것으로 전해진다.

□ 지난 12월 문화재지킴이로 위촉을 받아 문화재 보호에 앞장서고 있는 박 위원장은 "우리의 소중한 문화재가 화재·홍수·대기오염 등 자연환경적 요인뿐만 아니라 사회적 요인으로부터 파괴되고 있음에도, 정부의 문화재 보호활동은 한계가 있으므로 시민들 한분한분이 문화재지킴이가 되어 문화재를 아끼고 사랑하는 노력이 필요하다"고 하면서 "향후, 한국문화재지킴이단체연합회와 함께 소외되고 방치된 문화재를 찾아내고 지속적인 관심과 돌봄을 통해 문화재의 가치를 재창출하고, 공동체문화를 형성하는 등 문화재지킴이로서의 역할을 충실히 할 것"을 약속했다.

□ 특히, 박환희 위원장은 "역사와 문화재를 지킨 이들의 숭고한 정신을 잇고, 문화재지킴이 활동의 국민적 확산을 위해서 '문화재지킴이의 날'이 국가기념일로 제정될 필요가 있으며, 문화재지킴이의 활동이 활성화될 수 있도록 노력을 아끼지 않을 것"이라고 하였으며, "전국의 문화재지킴이 활동을 행정적·재정적으로 지원하기 위해서 시도에 문화재지킴이 조례가 제정될 수 있도록 노력하겠다"고 하였다.

서울특별시 문화재지킴이 활동에 관한 조례안

제1조(목적) 이 조례는 문화재지킴이 활동 등에 관한 사항을 규정함으로써 민간차원의 문화재 홍보 및 보호 활동을 확대하고 문화재지킴이 활동 활성화를 통하여 문화재에 대한 가치 인식 및 향토문화의 계승·발전에 이바지함을 목적으로 한다.

제2조(정의) "문화재지킴이"란 「문화재지킴이 위촉 및 활동 등에 관한 규정」 제6조에 따라 위촉된 사람을 말한다.

제3조(책무) 서울특별시장(이하 "서울시장"라 한다)은 서울특별시(이하 "서울시"라 한다)의 문화재 홍보 및 보호와 그 가치를 향유하는 공동체 형성 및 사회적 분위기 조성을 위하여 문화재지킴이를 포함한 관련 활동가들과 협력하여 관련 사업을 추진할 수 있다.

제4조(추진계획) 서울시장은 문화재지킴이 활동의 체계적인 추진과 필요한 협력을 위하여 관련 계획을 수립·시행할 수 있다.

제5조(협력체계 구축) ① 서울시장은 문화재지킴이 활성화를 위하여 자치구, 개인, 법인·단체 등과 협력체계를 구축할 수 있다.
② 서울시장은 청소년들에게 문화재지킴이 관련 활동을 수행하게 할 수 있으며, 이 경우 교육기관 및 관련기관 또는 단체 등과 협력할 수 있다.
③ 서울시장은 문화재 홍보 및 보호를 위하여 필요한 경우 중앙행정기관과 협의하여 사업을 추진할 수 있다.

제6조(지원) 서울시장은 문화재지킴이 활성화를 위하여 필요한 행정적·재정적 지원을 할 수 있다.

제7조(홍보) 서울시장은 문화재지킴이 활성화를 위한 활동 및 관련 사항을 시보 또는 홈페이지 등을 통하여 홍보할 수 있다.

제8조(교육) 서울시장은 유관기관과 협조하여 문화재지킴이 활동의 활성화를 위한 필요한 교육을 실시할 수 있다.

제9조(포상) 서울시장은 1년마다 문화재 홍보 및 보호 활동의 장려를 위하여 우수한 문화재지킴이 활동을 한 사람 등에 대하여 포상할 수 있다.

제10조(시행규칙) 이 조례의 시행에 관하여 필요한 사항은 규칙으로 정한다.

부 칙

이 조례는 공포한 날부터 시행한다.

의안번호 0477	서울특별시 문화재지킴이 활동에 관한 조례안

발 의	제 안 자	제안일자	소관 상임위
	박환희 의원	2023.2.6	운영위원회 행정자치위원회

주 요 내 용	〈제정이유〉 ○ 서울시 문화재 홍보 및 보호 관련 활동을 확대하기 위하여 문화재지킴이 활동을 활성화하고 이에 관한 사항을 규정하여 서울시 문화재 보존과 가치확산에 기여 〈주요 입법 요지〉 ○ 문화재지킴이 활동 활성화에 관한 '시의 책무', '체계적인 추진'. '협력체계 구축', '지원', '홍보', '교육' 등에 관한 사항 규정
추 진 경 과	○ '23.2. 서울시 문화재지킴이 활동에 관한 조례 발의
부 서 검 토 의 견	원안가결( ) / 수정가결 (√) / 부결( ) / 보류( )
쟁점사항 (의회동향, 문제점 등)	○ 동 조례(안)에서 규정하는 '문화재지킴이'는 훈령인「문화재지킴이 위촉 및 활동 등에 관한 규정」제6조에 따라 위촉된 사람으로, 문화재청장이 전국 단위로 매년 분기별 위촉한 문화재지킴이만을 대상으로 함 ○ 이에 문화재청장이 위촉하는 '문화재지킴이' 활동에 관한 사항을 서울시장이 조례로 정하는 것은 적절하지 않음 ○ 따라서 조례 제정 목적에 부합하도록 "문화재지킴이"에 대한 제2조(정의)를 "자발적으로 우리시 문화재를 지키기 위한 활동을 하는 사람" 등 포괄적으로 변경할 필요가 있음
대 응 방 안	○
상 임 위 처 리 결 과	
향 후 계 획	
담 당 부 서	문화재관리과	팀장	윤선희(☎2133-2652)	담당	이혜숙(☎2133-2658)

서울특별시 문화재지킴이 활동에 관한 조례안
심 사 보 고 서

의안번호	477

2 0 2 3 . 3 . 1 0 .
문화체육관광위원회

I. 심사경과

가. 발의일자 및 발의자 : 2023년 2월 6일, 박환희 의원 외 26명

나. 회부일자 : 2023년 2월 9일

다. 상정결과 : 【서울특별시의회 제316회 임시회】

- 제5차 문화체육관광위원회(2023.3.3.)상정, 제안설명, 검토보고, 질의 및 답변, 의결(수정안가결)

II. 제안설명의 요지(박환희 의원)

1. 제안이유

○ 서울특별시 문화재의 홍보 및 보호 관련 활동을 확대하기 위하여 문화재 지킴이 활동을 활성화하고 이에 관한 사항을 규정하여 서울시 문화재 보존과 가치확산에 기여하고 시민의 문화 향유 기회 확대 및 문화적 삶의 질 향상에 이바지하기 위함.

2. 주요내용

가. 문화재지킴이 활동 활성화에 관한 책무에 관한 사항을 규정함(안 제3조)

나. 문화재지킴이 활동의 체계적인 추진에 관한 사항을 규정함(안 제4조)

다. 문화재지킴이 활동 활성화를 위한 협력체계 구축에 관한 사항을 규정함
(안 제5조)

라. 문화재지킴이 활동 활성화를 위한 지원에 관한 사항을 규정함(안 제6조)

마. 문화재지킴이 활동 활성화를 위한 홍보에 관한 사항을 규정함(안 제7조)

바. 문화재지킴이 활동 활성화를 위한 교육에 관한 사항을 규정함(안 제8조)

Ⅲ. 검토보고 요지(수석전문위원 주우철)

가. 제정안의 개요

○ 제정안은 서울특별시에 소재한 문화재의 보존과 가치 확산을 위한 문화
재지킴이 활동을 활성화하기 위해 관련 사항을 규정하고자 발의되었음.

○ 동 제정안은 「문화재보호법」제4조제2항[17] 및 문화재청의 「문화재지킴이
위촉 및 활동 등에 관한 규정」을 참고하여 민간차원의 문화재 홍보 및
보호 활동을 확대하고 활성화하기 위한것임.

나. 문화재지킴이 사업 현황

(1) 문화재청 현황

○ 문화재청은 2005년부터 "문화재지킴이 활성화 사업"을 시행해 왔으며,
사업의 활동가인 문화재지킴이를 전국에 약 6만9천여명을 위촉하여 일
반지킴이, 청소년 문화재지킴이, 청년 유네스코 세계유산 지킴이 등으로
구분되어 문화재 주변정화, 모니터링, 소개 및 홍보 등의 활동을 수행하
고 있음.

○ 서울시 소재 문화재를 지키는 문화재지킴이는 총 1,618명으로(2023.1.1.
기준) 개인(80명), 가족(10가구, 23명), 단체(20단체, 1,515명)로 구성되
어 있음.

---

17) 「문화재보호법」제4조 ② 지방자치단체는 국가의 시책과 지역적 특색을 고려하여 문화재의 보존·관리
및 활용을 위한 시책을 수립·추진하여야 한다.

◦ 이 중 서울시 소재 문화재지킴이 활동의 대상 문화재는 총 69개로 국가
   지정문화재 46개, 시지정문화재 23개로 구성되어 있음.

< 서울시 소재 문화재를 담당하는 "문화재지킴이" 현황 >

문화재 수	합 계	개인	가족	단체
총 69개 (국가 46, 시 23)	1,618명	80명	23명 (10개 가구)	1,515명 (20개 단체)

(2) 서울시 현황

◦ 서울시의 경우 2003년부터 문화재청의 문화재지킴이 사업과는 별개로
   "내고장 문화재지킴이"사업을 추진해 온바, 현재까지 총 3,913명의 문화
   재지킴이가 문화재 주변 환경미화, 문화재 모니터링, 문화재 안내, 순찰
   등을 통해 문화재의 도난·화재·멸실 및 훼손 등 예방을 주요 목적으로
   활동을 진행하였음.

〈연도별 내고장 문화재지킴이 위촉 현황〉

(단위 : 명)

연도	2003	2004	2005	2006	2007	2008	2009	2010	2011	2012
인원	70	99	121	122	123	130	119	122	126	286
연도	2013	2014	2015	2016	2017	2018	2019	2020	2021	2022
인원	326	276	290	262	257	250	247	238	226	223

- 2022년에는 22개 자치구에서 223명의 내고장 문화재지킴이가 활동하였
   으며, 1일 4시간 이상 활동할 경우 일 13,000원(교통비: 5,000원, 급식
   비: 8,000원)의 활동비를, 월 최대 4회까지 지급하였음.

◦ 한편 서울시의 경우 2015년부터 전체 문화재지킴이 참여인원이 감소하
   는 추세이며, 자치구별 등록 문화재 보유 차이도 있기 때문에 인원 편중
   이 다수 발생하지만, 사업을 총괄하는 문화본부가 관성적으로 추진해 온 것
   으로 분석됨.

〈2022년 자치구별 내고장 문화재지킴이 현황〉

(단위 : 명)

총계	종로	중구	용산	성동	광진	동대문	중랑	성북	강북	도봉	노원
223	47	27	10	3	6	1	2	7	14	2	20
	은평	서대문	강서	구로	금천	영등포	동작	관악	서초	송파	강동
	9	6	10	2	1	3	5	5	3	23	17

※ 2022년 미운영 자치구: 강남, 마포, 양천

다. 조례 제정의 필요성

○ 문화재지킴이 활동은 개인이나 단체의 자발적인 활동에 의존도가 높아 지속성을 가지기 어려우며 인력 육성 또한, 훈련된 이탈자 발생 등으로 질적 향상 실현에 여러 난점이 존재하고 있음.

○ 따라서 문화재지킴이 활동에 대한 행정적 체계나 협의기구를 통한 제도적 지원의 뒷받침이 절실한 상황이므로 입법 필요성은 공감할 수 있음.

○ 참고적으로 타 광역자치단체의 문화재지킴이 활동 지원 조례 제정 사례를 살펴보면 충남, 경남, 충북, 경북 등 4개 도에서 이미 제정되어 시행되고 있으며, 서울시에서도 조례 제정을 통하여 문화재 보존과 가치에 대한 인식을 확산시키고 문화 계승·발전에도 기여할 수 있을 것으로 판단됨.

○ 다만 2023년 예산안 수립 시 문화본부 내 문화재돌봄, 문화재 안전경비원 배치 등 유사사업과 중복된다는 사유로 문화재지킴이 예산이 전액 감액되어 미편성된 바가 있으므로, 조례를 제정하더라도 기 종료된 내고장 문화재지킴이 사업 참여자의 활동 내용 및 결과에 대한 면밀한 평가를 통해 사업 운영을 준비할 필요성은 있음.

라. 주요 조문별 검토

(1) 문화재지킴이의 정의(안 제2조)

○ 안 제2조는 문화재지킴이를 「문화재지킴이 위촉 및 활동 등에 관한 규

정」제6조에 따라 위촉된 사람이라고 정의하고 있음.

○ 그러나 해당 규정의 관련 법령인 「문화재보호법」제15조[18])에 따르면 문
화재보호활동의 지원은 문화재청장의 소관사무로 명시되어 있어 문화재
청장이 위촉한 '문화재지킴이'의 활동 등에 관한 사항을 서울시 조례로
규정하는 것은 적절하지 않은 측면이 있음.

○ 따라서 문화재지킴이의 정의를 문화재청장이 위촉하는 인원이 아니라 서
울시 문화재지킴이 활동을 규정하도록 수정의견을 제안함.

<안 제2조 수정의견>

제　정　안	수　정　의　견
제2조(정의) "문화재지킴이"란 「문화재지킴이 위촉 및 활동 등에 관한 규정」제6조에 따라 위촉된 사람을 말한다.	제2조(정의) "문화재지킴이"란 서울의 문화재를 가꾸고 즐기는 공동체 형성을 위하여 대가 없이 자발적으로 시간과 노력을 제공하여 문화재를 지키기 위한 활동을 하는 사람을 말한다.

(2) 시장의 책무(안 제3조)

○ 안 제3조는 문화재 홍보 및 보호와 그 가치를 향유하는 공동체 형성과
사회적 분위기 조성을 위한 사업을 추진할 수 있도록 시장의 책무를 명
시한 것으로 문화재의 보호활동 육성을 위한 적절한 규정이라고 판단됨.

(3) 시장의 노력(안 제5조부터 제8조까지)

○ 안 제5조는 시장이 문화재지킴이 활동을 활성화 하기 위하여 다양한 이
해관계자들과 협력체계를 구축할 수 있도록 명시한 규정임.

- 안 제5조제2항은 시장이 청소년을 문화재지킴이로 활동할 수 있는 근거
를 마련한 바, 일반적으로 시정에 참여하기 어려운 청소년을 문화재지킴
이로 활용함으로써 자라나는 후속 세대들이 문화재에 대한 다양한 체험
을 할 수 있는 기회를 제공과 시민이라는 새로운 사회적 풍토를 만들

---

18) 「문화재보호법」제15조 문화재청장은 문화재를 보호 · 보존 · 보급하거나 널리 알리기 위하여 필요하다고
인정하면 관련 단체를 지원 · 육성할 수 있다.

수 있을 것으로 판단됨.

○ 안 제6조는 시장이 문화재지킴이 활성화를 위해 수행할 수 있는 지원을 명시한 규정으로, 이미 문화본부에는 서울성곽지킴이와 같이 시민참여형 문화재 보호활동 사업이 존재함으로 예산지원 등에는 특별한 문제는 없을 것으로 판단됨.

○ 안 제7조와 안 제8조는 문화재지킴이 활성화를 위한 홍보, 교육의 시행에 대한 사항으로 문화재지킴이 활동에 대한 시민의 관심과 참여를 확산시키고, 교육훈련을 통한 질적 향상을 도모하는 것은 지속성 측면에서 타당한 조치라 할 수 있음.

(4) 포상(안 제9조)

○ 안 제9조는 문화재 홍보 및 보호 활동의 장려를 위해 우수한 문화재지킴이 활동을 한 사람에게 포상할 수 있는 근거를 마련하여 시민들의 적극적인 참여를 유도하는 것임.

○ 다만 '1년마다'라는 규정은 단기간 의미를 가지고 있어 자구 수정이 필요하며, 포상과 관련된 사항인 「서울특별시 표창 조례」에 따라 수여될 수 있도록 해당 사항을 수정할 필요가 있음.

<안 제9조 수정의견>

제 정 안	수 정 의 견
제9조(포상) 서울시장은 1년마다 문화재 홍보 및 보호 활동의 장려를 위하여 우수한 문화재지킴이 활동을 한 사람 등에 대하여 포상할 수 있다.	제9조(포상) -------- 문화재 ------- -------------------------- -------------------------- -------- 대하여 「서울특별시 표창 조례」에 따라 --------.

Ⅳ. 질의 및 답변요지 : 「생략」

Ⅴ. 심사결과 : **수정안가결**(재적위원 9명, 참석위원 8명, 참석위원 전원
　찬성)

Ⅵ. 수정안의 요지

가. 수정이유

○ 문화재지킴이의 정의를 문화재청장이 위촉하는 인원이 아니라 서울시
　　문화재지킴이 활동을 규정하도록 수정하고자 함.

○ 포상에 있어 '1년간' 단기간 의미를 삭제하고, 문화재 홍보 활동을
　　장려하기 위해 우수 활동가에게는 「서울특별시 표창 조례」를 준용하
　　여 포상하도록 수정하는 것임.

나. 수정의 주요 내용

가. 서울시의 문화재지킴이 활동으로 규정을 수정함(안 제2조).

나. 포상 절차에 「서울특별시 표창 조례」을 준용하도록 수정함(안 제9조).

Ⅶ. 소수의견 요지 : 「없음」

Ⅷ. 기타 필요한 사항 : 「없음」

서울특별시 문화재지킴이 활동에 관한 조례안에 대한 수정안

의 안 번 호	관련 477

제안년월일 : 2023년 3월 3일
제 안 자 : 문화체육관광위원장

1. 수정이유

○ 문화재지킴이의 정의를 문화재청장이 위촉하는 인원이 아니라 서울시 문화재지킴이 활동을 규정하도록 수정하고자 함.

○ 포상에 있어 '1년간' 단기간 의미를 삭제하고, 문화재 홍보 활동을 장려하기 위해 우수 활동자에게는 「서울특별시 표창 조례」를 준용하여 포상하도록 수정하는 것임.

2. 수정의 주요 내용

가. 서울시의 문화재지킴이 활동으로 규정을 수정함(안 제2조).

나. 포상 절차에 「서울특별시 표창 조례」을 준용하도록 수정함(안 제9조).

< 수정안 조문대비표 >

제 정 안	수 정 안
제2조(정의) "문화재지킴이"란 「문화재지킴이 위촉 및 활동 등에 관한 규정」 제6조에 따라 위촉된 사람을 말한다.	제2조(정의) "문화재지킴이"란 서울의 문화재를 가꾸고 즐기는 공동체 형성을 위하여 대가 없이 자발적으로 시간과 노력을 제공하여 문화재를 지키기 위한 활동을 하는 사람을 말한다.
제9조(포상) 서울시장은 1년마다 문화재 홍보 및 보호 활동의 장려를 위하여 우수한 문화재지킴이 활동을 한 사람 등에 대하여 포상할 수 있다.	제9조(포상) ------- 문화재 ------- ----------------------------- ----------------------------- ----- 대하여 「서울특별시 표창 조례」에 따라 --------.

서울특별시조례 제   호

서울특별시 문화재지킴이 활동에 관한 조례안

제1조(목적) 이 조례는 문화재지킴이 활동 등에 관한 사항을 규정함으로써 민간차원의 문화재 홍보 및 보호 활동을 확대하고 문화재지킴이 활동 활성화를 통하여 문화재에 대한 가치 인식 및 향토문화의 계승·발전에 이바지함을 목적으로 한다.

제2조(정의) "문화재지킴이"란 서울의 문화재를 가꾸고 즐기는 공동체 형성을 위하여 대가 없이 자발적으로 시간과 노력을 제공하여 문화재를 지키기 위한 활동을 하는 사람을 말한다.

제3조(책무) 서울특별시장(이하 "서울시장"라 한다)은 서울특별시(이하 "서울시"라 한다)의 문화재 홍보 및 보호와 그 가치를 향유하는 공동체 형성 및 사회적 분위기 조성을 위하여 문화재지킴이를 포함한 관련 활동가들과 협력하여 관련 사업을 추진할 수 있다.

제4조(추진계획) 서울시장은 문화재지킴이 활동의 체계적인 추진과 필요한 협력을 위하여 관련 계획을 수립·시행할 수 있다.

제5조(협력체계 구축) ① 서울시장은 문화재지킴이 활성화를 위하여 자치구, 개인, 법인·단체 등과 협력체계를 구축할 수 있다.

② 서울시장은 청소년들에게 문화재지킴이 관련 활동을 수행하게 할 수 있으며, 이 경우 교육기관 및 관련기관 또는 단체 등과 협력할 수 있다.

③ 서울시장은 문화재 홍보 및 보호를 위하여 필요한 경우 중앙행정기관과 협의하여 사업을 추진할 수 있다.

제6조(지원) 서울시장은 문화재지킴이 활성화를 위하여 필요한 행정적·재정적 지원을 할 수 있다.

제7조(홍보) 서울시장은 문화재지킴이 활성화를 위한 활동 및 관련 사항을 시보 또는 홈페이지 등을 통하여 홍보할 수 있다.

제8조(교육) 서울시장은 유관기관과 협조하여 문화재지킴이 활동의 활성화를 위한 필요한 교육을 실시할 수 있다.

제9조(포상) 서울시장은 문화재 홍보 및 보호 활동의 장려를 위하여 우수한 문화재지킴이 활동을 한 사람 등에 대하여 「서울특별시 표창 조례」에 따라 포상할 수 있다.

제10조(시행규칙) 이 조례의 시행에 관하여 필요한 사항은 규칙으로 정한다.

부   칙

이 조례는 공포한 날부터 시행한다.

1 세계유산영향평가(HIA) 법제화를 위한 「세계유산의 보존·관리 및 활용에 관한 특별법 일부개정법률안」 통과 촉구 건의안

(서울특별시의회 운영위원장 제출)

1. 제안 이유

○ 2020년 2월 세계유산의 체계적인 보존·관리 및 활용을 위해 국가와 지방자치단체의 의무를 규정한 「세계유산의 보존·관리 및 활용에 관한 특별법」(이하 "세계유산법")이 제정되었음.

○ 그럼에도 서울 태릉·김포 장릉 지역 아파트 건축 등 관련 논란이 끊이지 않는 상황인 가운데, 다른 세계유산 주변 지역도 다양한 잠재적 개발에 직면해 있으며 이로 인한 세계유산의 '탁월한 보편적 가치(Outstanding Universal Value, OUV)'[19]에 부정적 영향을 미칠 가능성 또한 커지고 있음.

○ 현재 우리나라는 총 15건[20]의 세계유산을 보유하고 있는데, 세계유산에 대한 부정적 영향은 우리나라의 문화재 관리 체계에 대한 국제적 신뢰를 저하시킬 뿐만 아니라 세계유산 등재 취소로도 이어질 수 있는 사항으로 세계유산의 체계적인 보호를 위한 방안 마련이 필요한 실정임.

○ 이와 관련하여 유네스코는 세계유산 주변의 개발사업 등이 증가함에 따라 개발행위가 세계유산에 미칠 수 있는 영향을 조사·예측·평가하여 부정적 영향을 제거하거나 감소시킬 수 있는 방안을 마련하도록 세계유산영향평가(Heritage Impact Assessment, HIA) 제도 도입을 각국에 권고하고 있으며,

○ '세계유산협약 이행을 위한 운영지침'에 세계유산 내 혹은 주변에서

---

19) 국경을 초월할 만큼 독보적이며 현재 및 미래 세대의 전 인류에 있어서 공통적으로 중요한 문화 및 자연적 중요성
20) 종묘, 석굴암·불국사, 해인사 장경판전, 창덕궁, 화성, 경주역사유적지구, 고창·화순·강화 고인돌 유적, 제주 화산섬과 용암동굴, 조선왕릉, 한국의 역사마을(하회와 양동), 남한산성, 백제역사유적지구, 산사·한국의 산지승원, 한국의 서원, 한국의 갯벌

진행될 개발 사업과 활동에 대해서는 세계유산영향평가 수행이 필요함을 규정하고 있음.

○ 그런데 「세계유산법」에는 세계유산영향평가에 대한 규정은 마련되어 있지 않아, 지난 2021년 12월 세계유산영향평가 제도의 근거를 마련하고 평가대상과 절차 등에 필요한 사항을 규정한 「세계유산법 일부개정법률안」이 발의되었으나 현재까지 계류중에 있어 조속한 법안 통과를 건의함.

2. 주요 내용

○ 「세계유산법 일부개정법률안」은 세계유산지구 내에서 세계유산의 '탁월한 보편적 가치'에 부정적 영향을 미칠 우려가 있는 건축물 또는 시설물의 설치·증설, 토지의 형질 변경 등의 경우 사전에 사업자가 세계유산영향평가기관이 작성한 영향평가서를 문화재청에 제출토록 하고,

○ 문화재청은 문화재위원회의 심의를 거쳐 영향평가서 및 대상사업 계획을 보완·조정하고 그에 따라 이행하도록 하는 행정명령을 발할 수 있도록 관련 규정을 구성하고 있음.

○ 본 일부개정법률안이 지난 2021년 12월 발의되었으나 2023년 2월 제403회 제2차 법제사법위원회 심의 이후 현재까지도 계류중에 있어, 21대 국회가 그 절차를 서둘러 본회의 의결을 거쳐 조속히 개정된 법률이 공포될 수 있도록 국회절차와 논의를 서두를 것을 촉구함.

3. 참고사항

가. 관계법규 :「세계유산의 보존·관리 및 활용에 관한 특별법」

나. 예산조치 : 해당없음

다. 소관부처 : 문화재청 세계유산정책과

붙임 : 세계유산영향평가 법제화를 위한 「세계유산법 일부개정법률안」의 조속한 통과를 촉구하는 건의안 1부.

참고 : 한국의 세계유산 보유현황 1부.

[붙임]

세계유산영향평가(HIA) 법제화를 위한 「세계유산의 보존·관리 및 활용에 관한 특별법 일부개정법률안」 통과 촉구 건의안

2020년 2월 세계유산의 체계적인 보존·관리 및 활용을 위해 국가와 지방자치단체의 의무를 규정한 「세계유산법」이 제정되었음에도, 서울 태릉·김포 장릉 지역 아파트 건축 등 관련 논란이 끊이지 않는 상황 속에서 다른 세계유산 주변 지역도 다양한 잠재적 개발에 직면해 있는 실정이며 이로 인한 세계유산의 '탁월한 보편적 가치'에 부정적 영향을 미칠 가능성이 커지고 있다.

현재 우리나라는 총 15건의 세계유산을 보유하고 있는데, 세계유산에 대한 부정적 영향은 우리나라의 문화재 관리 체계에 대한 국제적 신뢰를 저하시킬 뿐만 아니라 세계유산 등재 취소로도 이어질 수 있는 사항으로, 세계유산의 체계적인 보호를 위한 방안을 마련할 필요가 있다.

이와 관련하여 유네스코는 세계유산 주변의 개발사업 등이 증가함에 따라 개발행위가 세계유산에 미칠 수 있는 영향을 조사·예측·평가하여 부정적 영향을 제거하거나 감소시킬 수 있는 방안을 마련하도록 세계유산영향평가 제도 도입을 각국에 권고하고 있으며 '세계유산협약 이행을 위한 운영지침'에 세계유산 내 혹은 주변에서 진행될 개발 사업과 활동에 대해서는 세계유산영향평가 수행이 필요함을 규정하고 있다.

그런데 「세계유산법」에는 세계유산영향평가에 대한 규정은 마련되어 있지 않아, 지난 2021년 12월 세계유산영향평가의 내용을 담은 「세계유산법 일부개정법률안」이 발의되었으나 국회는 2023년 2월 제403회 제2차 법제사법위원회에서의 심사 이후 구체적인 법안 통과 일정을 밝히지 못하고 있다.

대한민국시도의회운영위원장협의회는 「세계유산법 일부개정법률안」에 대해 21대 국회가 그 절차를 서둘러 본회의 의결을 거쳐 조속히 개정된 법률공포가 마무리 될 수 있도록 국회절차와 논의를 서두를 것을 강력히 촉구한다.

2023. 5. 18.

대한민국시도의회 운영위원장협의회원 일동

[참고] 한국의 세계유산 보유현황

등재 연도	세계유산 현황		
	세계유산	구성요소	해당 시도
1995	종묘	단일유산	서울특별시
	석굴암·불국사	석굴암, 불국사	경상북도
	해인사 장경판전	단일유산	경상남도
1997	창덕궁	단일유산	서울특별시
	화성	단일유산	경기도
2000	경주역사유적지구	남산지구, 월성지구, 대릉원지구, 황룡사지구, 산성지구	경상북도
	고창·화순·강화 고인돌 유적	고창, 화순, 강화	전라북도, 전라남도, 인천광역시
2007	제주 화산섬과 용암동굴	한라산천연보호구역, 거문오름용암동굴계, 성산일출봉응회환	제주도
2009	조선왕릉	구리 동구릉, 남양주 홍유릉, 남양주 사릉, 남양주 광릉, 여주 영릉, 영월 장릉, 서울 선정릉, 서울 헌인릉, 서울 태강릉, 서울 정릉, 서을 의릉, 고양 서오릉, 고양 서삼릉, 양주 온릉, 파주 삼릉, 파주 장릉, 김포 장릉, 화성 융건릉	서울특별시, 경기도, 강원도
2010	한국의 역사마을: 하회와 양동	하회(하회마을, 병산서원), 양동(양동마을, 독락당 및 옥산서원, 동강서원)	경상북도
2014	남한산성	단일유산	경기도
2015	백제역사유적지구	공주(공산성, 송산리고분군), 부여(관북리유적과 부소산성, 정림사지, 능산리고분군, 나성) 익산(왕궁리유적, 미륵사지)	충청남도, 전라북도
2018	산사, 한국의 산지승원	양산 통도사, 영주 부석사, 안동 봉정사, 보은 법주사, 공주 마곡사, 순천 선암사, 해남 대흥사	경상남도, 경상북도, 충청북도, 충청남도, 전라남도
2019	한국의 서원	영주 소수서원, 함양 남계서원, 경주 옥산서원, 안동 도산서원, 장성 필암서원, 달성 도동서원, 안동 병산서원, 정읍 무성서원, 논산 돈암서원	경상북도, 경상남도, 전라남도, 대구광역시, 전라북도, 충청남도
2021	한국의 갯벌	서천갯벌, 고창갯벌, 신안갯벌, 보성-순천갯벌	충청남도, 전라북도, 전라남도

서울시의회 日 궁내청 소장 의궤 반환하라" 결의문 채택

서울시의원들이 일제강점기에 빼앗긴 '의궤(儀軌)' 찾기에 나섰다.

서울시의회는 19일 열린 제35회 정례회 6차 본회의에서 '일본 궁내청 소장 의궤 반환 촉구 결의문'을 의결했다.

의궤는 조선시대에 왕실이나 국가의 주요 행사의 준비과정, 진행 내용 등을 자세히 정리한 기록이다. 현재 명성황후국장도감의궤(명성황후의 장례식을 기록한 의궤) 등 72종이 일본 궁내청 서릉부에 보관돼 있다.

결의문은 일제강점기인 1922년 조선총독부가 빼앗아 간 뒤 일본 궁내청에 보관돼 있는 의궤를 즉각 '원산지'로 반환하라는 내용을 담고 있다.

결의문은 국내 문화체육관광부와 문화재청, 지방자치단체을 비롯해 일본의 왕실과 유네스코 한국주재 각 대사관, 서울시 자매결연 도시 등에 발송된다.

서울시의회는 앞서 15일 열린 제5차 본회의에서 '일본 궁내청 소장 의궤 반환을 위한 특별위원회 위원 선임안'을 의결한 바 있다.

특별위원회는 강감창·김영로·김진성·김철현·박환희·부두완·우재영·이주수·이재홍·정교진·정춘희·조달현·채봉석·최병조·현진호 의원 등 15명으로 구성됐다.

【서울=뉴시스】 김종민기자 kim9416@newsis.com

4. 문화도시 서울을 위한 제언

1) 서론

2021년 7월 문화재청은 검단지구에 신축중인 3,400여 세대 규모 아파트 44개동 가운데 19개 동에 대한 공사 중지 명령을 내린 바 있다. 문화재청의 이런 결정에는 건설사 3곳이 김포 장릉 반경 500m 안 역사문화환경 보존지역에서 높이 20m 이상의 아파트를 신축하면서 사전 심의를 받지 않아 관련법을 위반했다는 판단이 있었다.

문화재청의 공사 중지 명령에 대해 건설사들은 집행정지를 법원에 신청했고, 법원이 건설사들의 집행정치 신청을 받아들이면서 공사는 큰 차질없이 이뤄졌다. 뒤이어 서울행정법원은 건설사들이 문화재청을 상대로 낸 행정소송에서 "문화재청의 공사중지 명령 처분을 취소한다"며 원고 승소 판결을 내린 바 있다. 문화재청이 즉시 항소했으나 현재로서는 김포 장릉의 문화적 가치 훼손을 막을 현실적인 방법은 없어 보인다.

문제는 문화유산 가치에 대한 위기가 김포 장릉에서 그치지 않을 것으로 보인다는 것이다. 2020년 8월 정부는 개발제한구역인 태릉골프장에 아파트 6,800채를 공급하겠다고 일방적으로 발표했다. 역사문화환경 보존지역인 태릉에서 50m, 강릉에서 불과 200m 거리에 불과한 상황을 완전히 무시한 결정이었다.

이런 사례는 또 있다. 세계 최대 규모의 고인돌로 알려진 김해시 '구산동 지석묘'도 관리주체인 김해시가 문화재 당국과의 협의 없이 정비공사를 추진하면서 문화재 원형을 훼손하는 어처구니없는 일이 일어났다. 매장문화재의 가치를 평가하는 가장 큰 지표인 원형보존 원칙이 무너진 것이다.

김포 장릉 사태를 통해서 비로소 공론화되기 시작한 문화재 보존과 가치 보호를 위한 새로운 틀을 마련할 시기가 도래했다. 유네스코 세계유산위원회가 세계유산 보존관리를 위한 효과적 수단으로 장려하고 있는 유산영향 평가(HIA, Heritage Impact Assessment) 지침을 포함해 관련 법령 정비를 중심으로 문화재 보호에 대한 새로운 대안을 살펴보고자 한다.

2) 유산영향평가(HIA, Heritage Impact Assessment)의 이해

① 유산영향평가 도입 목적과 의의

유산영향평가제도(Heritage Impact Assessment for Cultural World Heritage Properties, 이하 HIA)는 통상 세계유산과 그 주변에서의 각종 개발행위 등이 세계유산에 미치는 영향을 평가하는 제도를 의미한다.

도시화와 무분별한 개발에 따른 세계유산 주변 환경의 변화는 세계유산 보호를 위한 특별한 조치를 요구하게 되었고, 2011년 국제기념물유적협의 회(ICOMOS)를 중심으로 각종 문화유산의 보전과 관리를 위한 HIA 지침이 만들어졌다. 과거 환경영향평가나 전략영향평가 등을 대체해 구체적인 프로젝트 및 개발행위로 인한 세계유산의 누적된 영향과 지속적인 부정적 변화를 발견할 수 있는 장점이 있는 것으로 이해되고 있다.

대체로 기존의 평가제도가 실제 문화유산의 가치를 훼손하는 각종 개발 사업의 영향을 제대로 평가하기에 적절하지 않다는 지적에 따라 ICOMOS를 중심으로 HIA 지침서가 마련되었으며, 이를 바탕으로 유네스 코 세계유산센터와 국제영향평가협회, ICOMOS 등 전문기관의 협력을 통해 해당 지침서는 발전을 거듭하고 있다.

현재 유네스코 세계유산위원회는 2015년 이후 세계유산 보호를 위한 효과적인 수단으로 HIA를 시행하도록 권고하고 있으며, '세계유산협약 이행을 위한 이행지침'에 따라 각국의 세계유산 관련 신규 사업 보고시 이 평가결과를 제출하도록 하고 있다.

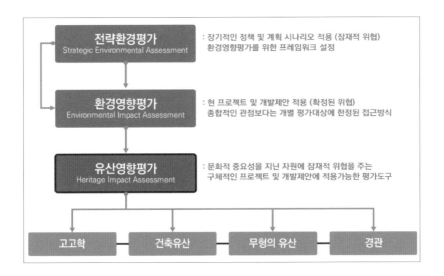

② 각국의 HIA 운영상황

세계 각국은 HIA 시행을 위해서 유산영향평가 시행지침을 따르고 있는 것으로 보고되고 있다. 영국의 경우 세계유산외에 영국 국내의 모든 문화유산에 대해 HIA를 실시하고 있다. 오스트레일리아는 세계유산 주변의 개발행위가 시행될 경우 개별 유산별로 HIA를 시행하고 있으며 그 결과를 공개해 제도시행의 투명성을 강화하고 있다.

일본의 경우 2019년 HIA 실시 요구가 확대됨에 따라 별도의 유산영향평가 지침을 만들어 대응하고 있다. 이 지침에는 유산영향평가의 흐름과 평가대상, 세계유산으로서의 가치와 분석결과는 물론이고, 보고서 작성과 보고, 보존관리계획 정비 필요성을 모두 포함하고 있다.

무엇보다 유산영향평가는 각종 개발관리계획을 포함해 검토하기 위해 해당 지자체와 유산 소유자, 관련 사업자 등에게 참고자료로 제공되며, 각종 개발사업의 사전영향평가로서 활용되고 있다.

일본이 시행중인 유산영향평가 지침은 유산의 가치를 정확히 파악해 보존 관점에서 충분히 실현가능하도록 배려하도록 하고 있으며, 지역주민의 생활이나 경제활동을 고려해 지속가능한 방식으로 평가하고 전세계적인 기준에 따라 객관성을 유지할 것을 제시하고 있다.

③ 국내 HIA 시행제도와 사례

현재 국내에는 유네스코 세계유산위원회의 권고와 같은 법제화된 HIA 제도가 의무화되어 있지 않은 상태다. 다만 문화재 현상변경허가 제도 혹은 환경영향평가제도가 사실상 문화재 보호를 위한 가장 유사한 제도라고 이해할 수 있다.

▶ 문화재 현상 변경 허가 제도

「문화재보호법」 제35조는 국가지정문화재의 보존에 영향을 미치거나 현상을 변경하는 행위 등에 대해서는 문화재청장 또는 지방자치단체장의 허가를 받도록 하고 있다. 같은 법 시행령 제21조에는 현상변경 행위의 구체적인 범위를 정하고 있다.

만약 지정된 문화재 보호구역과 외곽경계로부터 500m 범위 내의 지역인 역사환경 보존지역 내에서 일정한 건축행위 등을 실시할 경우 '현상변경 허가 신청서'를 작성해 해당 자치단체를 통해 문화재청장에게 제출해야 하며, 문화재청은 문화재위원회를 통해 해당 신청 행위가 문화재 보존과 관리에 필요한 행위인지와 문화재 훼손 우려에 대한 문화재보존 영향검토 과정을 거쳐 허가 여부를 통지하고 있다.

특히, 역사문화환경 보존지역내의 건축 행위 등에 대한 객관적인 기준을 제시해 행정의 예측가능성을 확보하기 위해 건축행위 등에 대한 허용기준을 마련하고 있다.

「문화재보호법 시행령」에 따른 현상 변경 행위

- 지정문화재, 보호물 또는 보호구역 수리, 정비, 복구, 보존처리 및 철거행위

- 국가지정문화재에 대한 포획, 채취, 사육, 도살, 인공증식, 복제, 자연방사, 박제 등 국가지정문화재, 보호물 또는 보호구역의 다음 goddln
  건축물 또는 도로, 관로, 전선, 공작물, 지하구조물 등 신축, 증축, 개축, 이축, 용도변경
  수목을 심거나 제거하는 행위
  토지 및 수면 매립/간척/땅파기/구멍뚫기/흙쌓기 등
  수로, 수질 및 수량 변경을 가져오는 행위
  소음/진동/악취 유발, 대기오염물질/화학물질/먼지/빛/열 등 방출행위
  오수/분뇨/폐수 살포 및 배출, 투기행위
  동물 사육 및 번식
  토석/골재, 광물의 채취와 반입, 반출
  광고물 등 설치/부착, 물건 적치

현재 문화재청의 '문화재 현상변경 등 업무편람'에 따르면 문화재 현상 변경 허가에는 장소성, 일체성, 조망성, 마루선, 왜소화 등 5개 기준(지표)을 제시하고 있다.

▶ 환경영향평가 제도

1977년 마련된 「환경보전법」에 따라 1981년부터 시행하고 있는 환경영향평가 제도는 각종 개발계획의 수립과정에서 환경에 미치는 영향을 미리 예측하고 환경보전방안 등을 마련해 지속가능한 발전과 쾌적한 국민생활 도모를 목적으로 하는 사전 예방적 제도이다.

관련 법령에 따른 환경영향평가 대상사업은 도시개발사업, 산업입지 및 산업단지 조성사업, 에너지개발사업, 항만 건설사업 등 모두 17개 분야로 설정

되어 있다. 사업자의 평가 준비서 작성에서부터 시작되는 환경영향평가는 대기환경, 수환경, 토지환경, 생활환경, 자연생태 환경, 사회경제 환경 등 6개 분야에 걸쳐서 각 분야별로 21개 세부항목에 대한 평가를 시행하게 된다.

3) HIA와 국내 관련제도의 비교

현재 제도적으로 HIA를 도입하고 있지 않은 상황에서 국내에서 시행중인 유사제도와 비교해 보면 우선 문화재 현상변경허가 제도가 문화재구역과 문화재 외곽경계로부터 500m 범위내의 지역을 대상으로 하는 데 반해 HIA의 경우 세계문화유산의 완전성과 진정성을 보호하기 위해 이보다 훨씬 넓은 지역을 대상으로 하는 차이점이 있다.

아울러 평가 방법에 있어서도 문화재 현상변경허가 제도가 문화재에 미치는 영향을 5개 지표에 따라 평가하는데 반해 HIA의 경우 각종 개발 계획이 세계유산에 미치는 진정성과 완전성에 대해 9계 단계로 평가하는 등 보다 세밀한 평가 지표를 통해 정밀한 판단을 담보하고 있다.

환경영향평가는 보호 대상이 개발로 인해 환경적인 영향을 받을 가능성이 있는 지역으로 한정되고 세분화되어 있어 사실상 모든 개발행위가 모두 대상에 포함된다는 장점이 있으며, 관련 법령에 따라 대상 사업의 종류와 범위, 협의 시기 등 대부분의 절차와 기준이 명확히 정해져 있다. 반면, HIA의 경우 국내에서 아직 법제화 되어 있지 않은 탓에 제도적 구속력이 없다는 치명적인 약점을 갖고 있다.

4) 국내 HIA 시행 사례 소개

① 해남 대흥사 사례

전라남도 해남에 소재한 대흥사는 1984년 전남 문화재자료 제78호로 지정되었고, 1988년 대한민국 사적 및 명승 제9호로 등록되었다. 이후

2009년 명승 제66호와 사적 제508호로 문화재로 지정된 상태이며, 2018년 주변 7개 산사와 함께 세계문화유산으로 등재되었다.

2018년 정부와 지자체 승인을 거쳐 호국대전 건설사업이 추진 중에 유네스코 세계유산에 등재되면서 주변의 모든 개발행위가 유네스코 검토대상에 포함되었다. 2019년 ICOMOS는 호국대전 건설사업에 대한 기술적 검토의견을 보내왔으며, 해남군과 대흥사에 관련 내용이 전달되면서 호국대전 건설사업에 대한 유산영향평가와 시각영향평가가 완료될 때까지 사업이 잠정 중단되었다.

당시 HIA를 수행한 서울시립대학교 연구진의 평가는 호국대전 건설사업이 세계유산으로서 대흥사의 보편적 가치를 전달하는 속성에 미치는 영향과 다른 중요한 가치와 특성에 미치는 영향에 대한 평가를 진행했고, 그 결과 해당 건설사업이 대흥사에 긍정적인 영향과 부정적인 영향 모두를 미칠 가능성이 있다고 판단했다.

당시 평가단과 사찰은 해당 유산의 완전성과 진정성에 제한된 범위에서 영향을 미칠 것으로 판단하고 호국대전의 각 부위별 높이를 낮춰 경관에 미칠 영향을 제거하고, 전체 규모 축소, 호국대전 배치를 동쪽 대지경계 방향으로 이전해 마당에서 배경이 되는 산의 능선이 조망되도록 건축계획 변경에 합의했다.

결과적으로는 호국대전 높이 1.2m 축소, 면적 57.22㎡ 축소, 동쪽으로 3m이동을 권고했고, 사찰단지에 대해 지배축 완화를 위해 계단 및 진입로 제거, 담장과 수목을 활용해 호국대전 건립에 의해 새롭게 형성된 영역 재설계를 주문한 바 있다.

② **백제역사유적지구(제2금강교 건설) 사례**

백제역사유적지구는 공주, 부여, 익산 등 3개 지역에 걸쳐 분포된 8개

유적지로 이루어져있으며, 세련된 백제 문화를 보여주는 지역으로 2015년 세계유산위원회 제39회 회의에서 세계유산목록에 등재되었다.

해당 지역내에 금강교는 등록문화재 제232호로 등록된 교량으로 건축물 보호와 시내 교통문제 해소를 위해 제2금강교 건설을 기존 금강교 옆에 병렬로 건설하기로 결정하였다. 2017년 공주시 문화재위원회는 제2금강교 건립을 위한 사전검토를 요청했고, 문화재위원회는 공산성 경과 및 역사문화환경 저해를 이유로 건설계획을 부결하였다.

2018년 이어진 제2차 문화재위원회 심의에서도 제2금강교 건설계획은 심의부결되었고 HIA를 요구하기에 이르렀다. 마이클 클루수 유산 컨설팅과 충남역사문화연구원이 공동으로 진행한 유산영향평가에 따르면 제2금강교 건설계획은 유네스코 세계유산인 공산성에 제한적인 범위에서 부정적인 영향을 미칠 수 있다고 보고 공산성 환경에 미치는 영향최소화, 기존 금강교 외관을 해치지 않는 안전장치 마련, 제2금강교 투명도 증가 등을 권고하였다.

5) 국내 HIA 제도 법제화를 위한 제언

2021년 10월 12일 '초록태릉을 지키는 시민들'은 "대한민국 문화재이자 세계유산을 보호하고자 하는 국민의 의식 수준에 문화재청의 세계유산 관리 수준이 한참 못 미칩니다. 관리 능력의 부재가 '장릉' 건으로 여실히 드러났습니다.

태릉과 강릉 건에서도 같은 실수가 반복되지 않으리라는 보장이 없습니다. (중략) 유네스코가 더 이상 이 사안에 대해 좌시하지 말고, 나서주시기를 간곡하고 강하게 요청드립니다."라는 내용의 서한을 유네스코 메히틸트 뢰슬러 세계유산센터장에게 보냈다. 김포 장릉 사태에서 문화재청과 인천 서구청 사이의 볼썽 사나운 책임 떠넘기기를 직접 보았고, 아파트 공급이라는 눈앞의 문제앞에 문화재 수호의 가치가 얼마나 속절없이 무너지는지 확인했다.

김포 장릉의 문제는 여전히 현재 진행형이다. 태릉골프장 일대에 6,800채의 아파트를 공급하겠다는 계획이 2020년 8월 발표된 이후 역사문화환경 보존지역인 태릉에서 50m, 강릉에서 200m 밖에 떨어지지 않은 해당 지역의 보전은 바람앞의 등불과 같은 상황에 놓여지게 되었다. 태릉과 강릉은 2009년 유네스코 세계유산위원회에서 세계문화유산으로 지정된 소중한 문화유산이다.

특히 태릉은 서울시내에 남아있는 8기의 왕릉 가운데 가장 보존상태가 우수한 것으로 평가되고 있다. 유네스코는 2015년 이후 HIA를 국가별로 법제화하거나 관리계획에 포함시키도록 권고하고 있고, 세계유산협약 이행을 위한 별도의 지침에서 세계유산 관련 신규 개발 사업 등에 대해 HIA 결과를 제출하도록 요구하고 있다.

우리 정부는 2020년 2월 「세계유산의 보존·관리 및 활용에 관한 특별법」 제정을 통해 유네스코 세계유산목록에 등재된 유산을 관리에 대한 정부와 지방정부의 의무를 정하였으나 이후 이를 강제할 법제화가 지연되면서 실행력이 담보되지 못한 상태이다.

한강의 기적이라는 이름으로 급속한 산업화에 성공한 대한민국은 최근 BTS와 오징어 게임으로 대변되는 각종 문화예술 분야에서 세계적인 주목을 받고 있다. 높은 빌딩숲으로 대변되던 국가경쟁력은 이제 문화·예술 분야로 그 기준이 옮겨가고 있다.

전 세계가 보존하고 보호해야 할 소중한 유산으로 지정된 세계문화유산을 원형 그대로 보호하는 것이 그 출발점이 될 것이다. 다소 늦었지만 HIA 제도의 신속한 제도화를 통해 세계유산보호에 있어서도 국제적인 기준을 만들어 갈 수 있기를 기원한다.

제 **4** 장

다큐로 보는
세계유산보존활동

제4장 다큐로 보는 세계유산보존활동

2022년 6월1일 제8회 전국동시지방선거 박환희 서울시의원후보 선거벽보

유네스코 "장릉·서오릉·태릉 정보 달라"

**Report on the State of Conservation of
the Royal Tombs of the Joseon Dynasty
(No. 1319)**

April 2022
Cultural Heritage Administration
Republic of Korea

2022년 4월 문화재청이 유네스코 세계유산위원회에 조선왕릉과 관련된 개발현황을 정리해 보고한 문서 요약본. [사진 유네스코]

　문화재청은 지난 4월 유네스코 세계유산위원회에 조선왕릉 보전현황 보고서를 제출한 상태다. 김포 장릉과 고양의 서오릉, 서울 태릉 인근에서 진행 중인 주택 건설, 개발 추진 등에 관한 정보를 담은 보고서다. 장릉 경관 등을 둘러싼 갈등 사실을 접한 유네스코 측이 지난해 관련 자료 제출을 요청했다고 한다.

　보고서 검토 결과 보전·관리에 문제가 생겼다고 판단되면 '보전 의제'로 유네스코 세계유산위원회 전체 회의에 올라간다. 지금까지 한국의 세계유산이 보전 의제에 오른 적은 없었다.

'보전 의제' -회의-실사-회의-
'위험에 처한 유산' … 그래도 안 되면 삭제

　물론 보전 의제에 올랐다고 해서 곧바로 세계유산의 지위가 박탈되는 건 아니다. 보전 의제를 검토해 문제가 있다고 판단되면 국제기념물유적협의회(ICOMOS) 등 자문기구에서 전문가를 파견해 실사를 진행한다. 이 결과에 따라 실제로 위험에 처해있다는 점이 입증되면 '위험에 처한 유산'으로 분류된다. 이후 정부의 보전 및 개선 노력에 따라 세계유산 리스트에서 퇴출당하지 않고 '위험에 처한 유산' 지위를 상당 기간 유지하거나, 보전 성과가 뚜렷할 경우 위험에 처한 유산 리스트에서 빠져나올 수도 있다. 경우에 따라 10~20년간 위험에 처한 유산으로 분류되기도 한다.

세계문화유산을 위한
유산영향평가 지침

Guidance on Heritage Impact
Assessments for Cultural World
Heritage Properties

ICOMOS (국제기념물유적협의회) 발간물 / 2011년 1월

공저 : 세계유산센터(World Heritage Centre)

문화재청
Cultural Heritage Administration

[세계문화유산(태릉) 보존을 위한 연지(蓮池) 발굴·복원 관련 질의에 대한 문화재청의 회신]

어제를 담아 내일에 전합니다

궁 능 유 적 본 부

수신 서울특별시의회사무처장(운영전문위원)

(경유)

제목 세계문화유산(태릉) 보존을 위한 연지(蓮池) 발굴·복원 관련 질의 회신

1. 귀 기관의 무궁한 발전을 기원합니다.
2. 서울특별시의회 운영전문위원실-21200(2022.8.8.)호와 관련입니다.
3. 위 호와 관련하여 귀 기관에서 질의하신 내용에 대하여 다음과 같이 회신하오니 업무에 참고하시기 바랍니다.

　가. 서울 태릉골프장 내 연못이 '춘관통고(1788년, 정조)'에 언급된 연지(蓮地)에 해당되는지 여부
　　→ 고문헌을 근거로 하여 태릉의 연지(현 태릉골프장 부지)가 존재할 것으로 추정하고 있습니다. 태릉의 연지가 현 태릉골프장 부지 내 연못인지에 대하여는 추후 시·발굴조사를 통해 확인할 필요가 있습니다.
　　＊『태릉지』에 어정의 동쪽에 연지가 있다(蓮池在御井東)는 기록이 있음
　　　『춘관통고』에 태릉의 홍살문 남측 250보(약 297m)에 연지가 있다는 기록이 있음
　나. 문화재청이 연지로 추정한다면, 연지에 대한 향후 발굴·복원 계획
　　→ 현재 태릉골프장 부지의 개발계획 구체화 및 연지 위치 특정 등이 이루어지지 않은 상황에서 문화재청 소유가 아닌 태릉골프장 부지에 대해 즉각적인 시·발굴조사를 실시하는 것은 어려움이 있습니다. 향후 태릉골프장 부지 내 건축행위 등 사업시행을 위한 현상변경허가 신청이 문화재청으로 접수될 시, 해당 사업 착수 전 「매장문화재 보호 및 조사에 관한 법률」 등에 따라 시행자 측에 시·발굴조사를 요청할 계획입니다.
　다. 연지가 태릉 인근 개발압력에 대한 완충역할을 수행하도록 완충구역 보존지침 수립계획
　　→ 현재 태릉은 역사문화환경 보존지역을 설정하고 범위 내 '건축행위 등에 관한 허용기준'을 마련하여 운영하고 있으며, 세계유산 등재 신청 시 완충구역을 역사문화환경 보존지역으로 제출한 바 있습니다.
　라. 연지 복원 및 발굴내용 등이 포함된 유산영향평가 도입계획
　　→ 문화재청은 국토교통부와 한국토지주택공사에 유산영향평가 실시를 2021년에 요청하였으며, 요청에 따라 현재 유산영향평가가 진행 중에 있습니다. 향후 유산영향평가는 문화재청의 검토를 거쳐 유네스코 세계유산센터에 제출할 계획입니

다. 끝.

궁능유적본부장인

복원정비과 전결 2022. 8. 19.

주무관　정하은　　사무관　박찬정　　과장　조은경

협조자

시행　복원정비과-4642　　(2022. 8. 19.)　　접수　운영전문위원실-21317　　2022.08.19.

우　04535　　서울특별시 중구 소공로 70, 포스트타워 15층 (충무로1가) / royal.cha.go.kr

전화번호 02-6450-3855　　팩스번호 02-6450-3899　　/ hany819@korea.kr　　/ 대국민 공개

'태릉역사문화생태도시'를 만들기 위한 의원의 노력

서울특별시의회

수신   서울특별시장(푸른도시여가국장)
(경유)
제목   생태 · 경관보전지역 지정 요청

1. 서울특별시의회가 서울시립대학교산학협력단에 의뢰해 실시한 '서울특별시 생태경관 보전지역 확대를 위한 생물다양성 조사 및 보전방안 연구'(별첨) 결과에 따르면 세계문화유산인 태릉이 소재하고 있는 서울특별시 노원구 공릉동 25-9 일대 태릉연지 주변은 멸종위기 야생생물 2급으로 지정된 맹꽁이를 포함해 천연기념물 제327호 원앙 등 다양한 야생동 · 식물이 서식하거나 집단도래지로서 생태적으로 보존가치가 매우 큰 지역으로 보전과 보호가 시급히 요청됩니다.

2. 멸종위기 야생동 · 식물의 집단도래지로서 학술적 연구와 보전 및 보호가치가 확인된 만큼 「국토의 계획 및 이용에 관한 법률」에 따라 해당 지역을 용도지구(보호지구)로 신속히 지정해 주실 것을 촉구합니다.

별첨 : 서울특별시 생태경관보전지역 확대를 위한 생물다양성 조사 및 보전방안 연구보고서 1부. 끝.

서울특별시의회 운영위원장 박 환 희

아이 키우기 좋은 도시 서울, "엄마아빠 행복 프로젝트"

 　　　　　# 서울특별시의회　　　　

수신　　　서울특별시장(도시계획국장)

(경유)

제목　　　용도지구(보호지구) 지정 요청

1. 서울특별시의회가 서울시립대학교산학협력단에 의뢰해 실시한 '서울특별시 생태경관 보전지역 확대를 위한 생물다양성 조사 및 보전방안 연구'(별첨) 결과에 따르면 세계문 화유산인 태릉이 소재하고 있는 서울특별시 노원구 공릉동 25-9 일대 태릉연지 주변은 멸종위기 야생생물 2급으로 지정된 맹꽁이를 포함해 천연기념물 제327호 원앙 등 다양한 야생동·식물이 서식하거나 집단도래지로서 생태적으로 보존가치가 매우 큰 지역으로 보전과 보호가 시급히 요청됩니다.

2. 멸종위기 야생동·식물의 집단도래지로서 학술적 연구와 보전 및 보호가치가 확인된 만큼 「국토의 계획 및 이용에 관한 법률」에 따라 해당 지역을 용도지구(보호지구)로 신속히 지정해 주실 것을 촉구합니다.

별첨 : 서울특별시 생태경관보전지역 확대를 위한 생물다양성 조사 및 보전방안 연구보고서 1부.　끝.

서울특별시의회 운영위원장 박 환 희

아이 키우기 좋은 도시 서울, "엄마아빠 행복 프로젝트"

서울특별시의회

수신　　서 울 특 별 시 장(도시계획과장)

(경유)

제목　　서울특별시 야생동물 보호구역 지정 요청

1. 서울특별시의회가 서울시립대학교산학협력단에 의뢰해 실시한 '서울특별시 생태경관 보전지역 확대를 위한 생물다양성 조사 및 보전방안 연구'(별첨) 결과에 따르면 세계문화유산인 태릉이 소재하고 있는 서울특별시 노원구 공릉동 25-9 일대 태릉연지 주변은 멸종위기 야생생물 2급으로 지정된 맹꽁이를 포함해 천연기념물 제327호 원앙 등 다양한 야생동·식물이 서식하거나 집단도래지로서 생태적으로 보존가치가 매우 큰 지역으로 보전과 보호과 시급히 요청됩니다.

2. 멸종위기 야생동·식물의 집단도래지로서 학술적 연구와 보전 및 보호가치가 확인된 만큼 「자연환경보전법」과 「서울특별시 자연환경보전과 생물다양성 보전 및 이용에 관한 조례」, 「국토의 계획 및 이용에 관한 법률」에 따라 해당 지역을 서울시 생태·경관보전지역, 용도지구(보호지구) 및 「야생생물 보호 및 관리에 관한 법률」과 「서울특별시 자연환경보전과 생물다양성 보전 및 이용에 관한 조례」에 따른 야생동물 보호구역 등으로 지정이 필요한 것으로 판단되오니 정밀조사와 함께 관련지구(지역)으로 신속히 지정해 주실 것을 촉구합니다.

별첨 : 서울특별시 생태경관보전지역 확대를 위한 생물다양성 조사 및 보전방안 연구보고서 1부. 끝.

서울특별시의회 운영위원장 박 환 희

박환희 시의원, 태릉연지 생태 · 경관보전지역 지정요청
멸종위기 맹꽁이, 천연기념물 원앙 등 야생동물 보호 필요

기사입력 2023-07-08 14:56

　"태릉을 조성할 때 함께 조성된 태릉연지는 수백 년의 역사와 함께 수많은 생명들을 품고 있다. 법정보호종만 하더라도 멸종위기종이 4종(맹꽁이, 새매, 하늘다람쥐, 삵), 천연기념물이 2종(원앙, 황조롱이) 서식하고 있다. 서울시와 경기도의 보호종까지 포함하면 18종의 보호종 야생생물이 서식하고 있는 생태계의 보고이다. 수도 서울의 평지에 위치한 내륙습지인 태릉연지 습지에 이렇게 소중한 생태계가 형성되고 있음은 놀라운 일이며 잘 보존하여 미래세대에 전해줘야 할 보물이다."

　박환희 시의원(운영위원장, 노원2)은 7월 7일 서울시에 태릉 연지 일대를 생태·경관보전지역 및 용도지구(보호지구), 야생동물 보호구역으로 지정해 줄 것을 요청했다.

　서울특별시의회는 지난해 10월 서울시립대학교산학협력단(책임연구원 한봉호)에 의뢰하여 '서울특별시 생태·경관 보전지역 확대를 위한 생물다양성 조사 및 보전방안' 연구용역을 추진하였다. 용역 최종보고서에 따르면, 세계문화유산인 태릉이 소재하고 있는 노원구 공릉동 25-9일대 태릉 연지 주변은 멸종위기 야생생물 2급 맹꽁이를 포함, 천연기념물 제327호 원앙 등 다양한 야생 동·식물이 서식하는 집단도래지로서 생태적으로 보존 가치가 매우 큰 지역임이 확인되었다.

이에 박환희 위원장은 멸종위기 야생동·식물의 집단도래지로서 학술적 연구와보전 및 보호가치가 확인된 만큼 「자연환경보전법」, 「서울특별시 자연환경보전과 생물다양성 보전 및 이용에 관한 조례」, 「국토의 계획 및 이용에 관한 법률」에 따라 해당 지역을 서울시 생태·경관보전지역, 용도지구(보호지구) 및 「야생생물 보호 및 관리에 관한 법률」과 「서울특별시 자연환경보전과 생물다양성 보전 및 이용에 관한 조례」에 따른 야생동물 보호구역 등으로 지정이 필요한 것으로 판단, 서울특별시에 정밀조사와 함께 관련지구(지역)으로 신속히 지정할 것을 요청하였다.

박환희 위원장은 "세계문화유산인 태릉과 강릉은 나라가 융성하고 백성이 편안하기를 바라는 국태민안(國泰民安)의 숭고한 정신이 깃든 곳이다. 또한, 풍수지리에 따라 국태민안을 도모한 왕릉이며, 주산(主山) 불암산은 왕권을 든든하게 받쳐주고 구릉산과 육사 92고지 등 안산(案山)은 백성들이 편안하게 살 수 있게 하며 물을 품은 연지는 생명을 풍성하게 한다고 한다."라고 이 지역의 역사성을 설명했다.

그리고, "세계유산총회 보고서는 도시화로 인해 안산이 가려지거나 연지로 흘러들어오는 물이 줄어들지 않을까 염려된다고 하였다. 그런데 염려했던 일들이 실제로 일어나고 있다. 연지 주변에 아파트를 짓게 되면 안산이 가려져서 풍수지리가 무너지고 불투수면적이 늘어나면서 땅속으로 물이 스며들어가지 못하여 지하수가 고갈되고 결국 연지가 말라버릴 수 있다."라고 강조했다.

박환희 위원장은 7월 4일 '서울 소재 세계문화유산 조선왕릉의 보호관리 기본 구상 용역 착수보고회'를 개최한 바 있다. (노원신문)

한국정부조달연구원 원장
경제학박사 주노종(010-3029-9007)

연구개요

"세계문화유산 조선왕릉[11기] 효율적인 보존방안"
= 서울의 마지막 허파 영구보존 =
<태릉 역사문화 · 안보생태 특구>

본 연구는 서울특별시의회 <세계문화유산 보존·관리 효율화 방안>
(2022.11.29) 토론회 개최계획에 따른 제출 논문으로 고찰하였다. 특히,
본 논문은 조선왕릉(40) 유네스코등재(2009년) 이후에도 개발의 명목으
로 왕릉이 파괴되고 있는 현실의 어려운 문제점에서 문화재를 더욱더
보존하고 관리하는 대안으로 대처하고자 고찰하였다. 특히, 본 논문은
서울특별시 서울태릉(11기) 소재 왕릉에서도 태릉·강릉(2기) 능제복원 및
환경생태복원 사업에 적극적으로 대처하고 있다는 사실 대안으로 연구
하였다.

조선왕릉(40기)은 2009년 유네스코 세계유산등재로, 문화재청은 왕릉의
문화적 가치유지를 위하여 훼손·변형된 조선왕릉능제복원 및 역사문화환
경회복을 위해 국가 재정투입 중에 있다. 그러나 문재인정부의 부동산정책
실패(27번) 대안으로 서울태릉 태릉골프장 지역에 공공임대주태 건설
(6,800세대) 추진하였다. 공공임대주택 건설은 현재 "윤석열정부에서도 지
속적으로 추진한다."는 데에 지역주민은 물론이고 국민들도 적극적으로 반
대하면서 국가 사회적 문제점으로 분출하고 있다. 역사상, 서울태릉은 지
리·지정학적으로 불암산 동남쪽 산록을 말하고 있다. 서울태릉은 조선시대
에서 '불암산 · 태강릉[연지(태릉골프장)] · 구이고지산(육사) · 구릉산 · 건원

릉(동구릉)'등의 풍수지리 동일 혈맥으로 칭하였다. 현재에는 서울태릉하면, 육군사관학교로 통하고 있으며, 현재의 '육사와 태릉골프장'도 같은 풍수지리상 동일 혈맥 안에 있다고 할 수 있겠다. 따라서 서울태릉은 자연생태계와 역사적 유산이 어우러진 곳, 국군창설요람지로 육사의 정신이 깃들어 있는 곳, 그리고 서울시민의 허파인 서울태릉의 유네스코 등재 자격 취소의 우려는 미래 세대의 역사적 자부심을 앗아간다는 점에서 영구보존의 정책적 혜안을 필요로 하고 있다.

우선, 본 연구는 아래와 같은 서울태릉의 문화재적 현실과 문제점에서 출발하였다.

하나, 문재인정부는 부동산가격폭등 정책실패를 만회하고자, 태릉골프장에 공공택지사업(아파트건설, 6.8천 세대)을 추진하고, 육사이전을 통하여 지속적으로 아파트건설을 추진하겠다는 개발논리에서 문화재파괴가 예상되면서 그 대안으로 연구하였다.

둘, 서울태릉은 유네스코 세계유산등재 조선왕릉(40기)에서, 태강릉뿐만이 아니라, 조선의 사궁 건원릉(포함, 9기) 등등 조선왕릉 11기가 존치되어 있다. 현재 서울태릉은 그 나마 한국이 근대화 개발과정에서고 빗겨나간 생태가치(문화재보존·그린벨트)가 높은 문화재보호지역으로 [서울태릉(왕릉11기): 불암산⇔태강릉[연지(태릉골프장)]⇔구이고지산(육사)⇔구릉산⇔건원릉(동구릉)] 등 약150만평이 보존구역으로 분류되어 있다.

셋, 서울태릉은 멸종위기종, 특이노송 등 생태서식지로서 아파트개발에 따른 수익성보다 생태문화재로서 공익가치가 높다. 즉, 환경부지정 맹꽁이(멸종위기야생생물 2급), 원앙(천연기념물 제327호) 등 60개체, 흰뺨검둥오리, 왜가리, 쇠백로 등 물새, 오색딱다구리 등 3종, 박새 등 일반산새, 흰배뜸부기 등 15종, 양생조류(양서류) 19종 179개체 서식하고 있다.

넷, 아파트건설을 추진하는, 태릉골프장은 본 연구자가 전문가들의 도움으로 이전비용 추정한 것으로, 태릉골프장(18홀) 이전대체비용으로 토지매입비용(약1백만평: 0.5~1천억원)[코스(35만평)·그린(1.5만평)·페어웨이(20만평)·티잉그라운드(1.5만평)·클럽하우스등(1.5만평)·진입로(15만평)·기타(10만평)]·건설비용(약5.5~6.5천억원) 총비용(토지매입비·건설비) 약6.5천억원 예상되면서 예산조달 가능성에 의문이다.

다섯, 육사이전의 문제점은 국가안보, 지방분권, 지역안배, 이전비용 측면에서 현행 존치가 필요하며, 국군창설요람지(1946년 국방경비대 제1연대)이며 근현대문화재 보존지역으로 '국가안보문화재' 지정이 필요하다. 특히, 육사 이전비용은 나주시(한전공대) 건설비(1.62조원)와 비교하여, 부지 1백만평이상확보·각종교육군사시설·유물전시박물관기념관시설·4대종교시설·기타건설 약2.6~3.5조원 이상 예상되어 예산조달 가능성에 문제점이 발생한다.

다음으로, 서울태릉의 개발론자들과 개발반대론자들의 주장이 국가적인 이슈가 되면서 국가예산 낭비문제와 국론분열이 심각하게 발생하고 있다는 점에서 출발하였다.

하나, 서울태릉의 적극적인 개발론자들의 개발추진계획의 제반 문제점이 발생하고 있다. 즉, '태강릉·동구릉' 및 '육사·태릉골프장·태릉선수촌'은 서울에 잔존 그린벨트 지역으로 「유네스코헌장」, 「문화재보호법」, 「도시계획법」 등에도 개발이 불가능지역이라는 사실이다.

둘, 개발반대론자들은 현대사에서 극심한 국론분열로서 정치가들의 정책적으로 육사이전을 추진하면서 그 문제점으로 전국 17개 시군에서 유치경쟁을 하고 있으며, 태릉골프장 아파트건설(육사·태릉골프장)로 인한 왕릉문화재파괴 사실로서 인천시 검단 계양산 장릉(인조 부친) 사건의 전철을 밟지 않도록 사전에 원천적 개발행위를 차단하고 '태릉 역사문화·안보생태

특구'로 지정하여 영구보존을 위한 시의적인 법제화 필요하다는 주장을 하고 있다.

끝으로, 서울태릉을 개발하지 않고 현재의 상태에서 연구보존을 하는 경우에 국가와 국민적인 기대효과를 예상할 수 있겠다.

하나, 서울태릉을 현재의 상태에서 영구보존하는 경우에는 문재인정부가 5년간 약450조원 국가부채(순수정부부채) 증가로 2022년 5월 현재 약 1,050조원의 막대한 국가채무 국가에서 육사이전과 태릉골프장 존치로 약 3.2조원~4.2조원의 예산절감효과 및 대선마다 표 의식하여 서울태릉을 개발하겠다는 국론분열의 차단효과가 기대되고 있다.

둘, 공정·정의 윤석열정부에서 '태릉 역사문화·안보생태 특구'로 지정하여 국민에게 공개한다면, '조선왕실매장문화홍보의 장', '국가안보교육의 장', '자연생태의 휴식공간'으로 대한민국 심장 서울은 물론, 세계관광명소로 '한국의 찬란한 역사문화·자연문화 상징'으로 미래세대와의 공감적 유대감 형성이 이어질 것으로 기대되고 있다.

결국, 본 연구는 서울태릉을 현재의 상태에서 〈태릉 역사문화·안보생태 특구〉로 지정하여 영구보존하는 대안을 추진하는 고려사항을 제시하고자 한다. 우선, 문화유산·자연유산을 고려하여야 한다는 것이다. 즉, 서울태릉은 지역성 (서울시·노원구·기타·경기도·구리시·기타) 역사성 및 사회적 합의로 사업추진 및 차제에 〈태릉 역사문화·안보생태 특구〉 지정하는 법안과 정책시안이 필요하다. 다음으로, 특구지정에서 (관련 법규·제도) 고려사항으로서는 「유네스코헌장」, 「문화재보호법」, 「도시계획법」, 기타 법규, 유사사례, 제도, 기타 사항 등을 참고하여 국가적인 백년대계(百年大計)를 생각하여 추진하는 대안이 필요하다.

태릉그린벨트 아파트 건축 반대 시위

멸종위기 야생생물 2급 맹꽁이

노원구 주민들이 태릉골프장 개발 반대 시위하고 있다

천연기념물 제323호 황조롱이

[2021 국정감사]

문화재청, 태릉-강릉 완충구역 보존지침
마련하라는 유네스코 등재 권고 왜 안 지키나?

세계문화유산 조선왕릉 등재 권고사항

도심부 세계유산의 완충구역 설정 방안에 관한 연구 : A Study on Delineating Buffer Zones for World Heritage Sites located in City Centres - Based on the Cases of Jongmyo and Changdeokgung World Heritage Sites

세계유산 종묘와 창덕궁을 중심으로

1995년과 1997년 유네스코(UNESCO) 세계유산으로 등재된 종묘와 창덕궁은 당시 유산 주변에 완충구역이 설정되지 않은 채 등재되었다. 그리고 현재까지 이들 유산 주변에는 완충구역이 별도로 설정되지 않은 채, 국내 문화재보호법과 서울시 문화재보호조례상 유산의 주변 반경 100m로 지정된 역사문화환경 보존지역이 적용되고 있을 뿐이다. 그러나 보존지역 외부의 개발 행위가 유산에 크게 영향을 미칠 수 있음에도 불구하고, 이 부분에 대해서 규제를 할 수 없는 취약점이 나타나고 있다. 지난 2009년에 문화재청에 허가신청되었던 종묘 앞 세운4구역의 고층계획안은 보존지역 외부에서 유산에 부정적인 영향을 야기하는 개발의 대표적인 사례로, 세계유산 보호를 위해서는 적절한 완충구역이 마련되어 관리될 필요가 있음을 보여주었다.

세운4구역 사례에서는 해당 구역이 문화재보호법의 규제 범위 밖에 위치하였음에도 불구하고, 세계유산의 특수성 때문에 문화재위원회의 심의가

2010년 5월까지 수차례 진행되었다. 제안된 건축물의 높이가 종묘 내부에서 조망되어 경관적 가치를 해친다는 판단에 기초하여 건축물의 높이가 대폭 축소되었다. 이러한 일련의 심의 과정에 대하여 일각에서는 환영하였지만, 다른 일각에서는 법적 근거가 불충분한 채 사회적 공감대로만 진행되었다는 비판을 제기하였다. 따라서 근본적인 접근으로서 해당 유산을 보호하기 위하여 주변에 유산의 역사문화환경으로서 외부의 개발영향을 관리하는 역할을 하는 완충구역을 마련하는 것이 바람직하였을 것이다.

최근 문화재청은 2012년 정기보고에 맞추어 국내 세계유산의 완충구역 설정 작업을 추진 중이나, 단순히 역사문화환경 보존지역 규정과 일치시키려는 현재의 접근은 유산 주변의 역사문화환경을 적절하게 고려하지 못하게 된다. 기존 선행연구에서는 역사문화환경 보존지역 제도의 한계를 지적하면서 역사문화환경의 특성을 고려한 범위 설정을 대안으로 제시한 바 있으며, 본 연구에서는 이러한 작업의 연장선상에서 유산 주변의 역사문화환경이 지니는 역사적·공간적·시각적 가치를 고려한 도심부 세계유산의 완충구역의 적정 범위를 실질적으로 도출하는 것을 목적으로 하였다.

국내 도심부 세계유산의 대표적인 사례로서, 유산 주변에 역사문화환경이 아직 잘 남아 있으며 이미 각계 전문가들의 논의와 사회적 반향을 불러일으킨 바 있는 서울의 종묘와 창덕궁 일대를 사례 대상지로 선정하였다. 종묘와 창덕궁은 주변의 역사문화환경이 유산과 관련하여 지니는 특성, 관계가 함께 보존관리되는 경우 유산의 가치가 효과적으로 유지될 수 있으며, 이것은 완충구역으로 표현될 필요가 있다고 여겨졌다. 이들 유산 주변의 궁궐시설, 부속시설, 관아시설 등 유형 문화유산/유적지와 역사적으로 형성된 필지형태/가로체계 등은 유산의 특성을 보다 강화하는 역할을 하여 유산과 함께 보전될 역사문화환경이라고 볼 수 있다. 따라서 대상지 일대의 역사문화환경을 유산적, 도시계획적, 시각적/경관적 관점의 세 가지 관점에서 분석하여 완충구역 설정 기준 검토를 시도하였다.

완충구역 설정 기준의 핵심적인 요소로서 종묘 및 창덕궁과 직간접적으로 관련된 역사문화자원, 기타 대상지 일대의 역사문화자원, 조선 한성부의 옛 가로체계와 역사적 도시조직, 종묘 및 창덕궁 내외부에서의 조망과 관련법제의 현황을 분석하였다. 분석 결과, 종묘와 창덕궁은 조선시대 한성부의 건설과 함께 형성된 유산으로, 한성부의 도시구조에 대한 배경을 반영해야만 유산 및 유산 주변 환경의 가치가 충분히 표현됨을 알 수 있었다. 따라서 한성부의 옛 도시공간과 밀접한 관련이 있는 돈화문로, 종로, 창덕궁길을 우선적으로 반영한 다음, 대상지 주변의 문화유산 분포와 도시계획수단상의 도시조직, 개발현황, 개발가능성, 유산 내외부에서의 가시적 거리, 유산이 소재한 종로구의 행정구역 경계, 주변의 자연적 지형 등을 순차적으로 종합 반영하여 종묘 및 창덕궁 유산의 완충구역 범위를 도출할 수 있었다.

본 연구의 결과로서 제시된 유산의 완충구역 범위는 기존의 역사문화환경 보존지역 범위와 비교하였을 때 유산 주변의 역사문화환경을 보다 효과적으로 반영하게 되는 점이 확인되었다. 본 연구의 결과는 유산의 완충구역이 유산과 유산 주변과의 관계를 정의하고 매개하는 중요한 역할을 수행하여, 유산의 보존관리와 도시계획 간의 연결점을 제공할 수 있음을 보여주었다. 완충구역 내 각 요소마다 종묘와 창덕궁과 관련하여 관계가 정의되는 측면은 완충구역의 설정 이후 관리 단계에서도 기존의 일률적인 규제사항들을 대체하는 효과를 가질 수 있을 것으로 기대되었다. 가령, 종묘 서측의 돈화문로 일대는 현행 역사문화환경 보존지역 제도상에서는 건축물 높이 제한만을 받고 있으나, 이 일대에 수립된 지구단위계획의 내용을 세계유산 완충구역의 범위로 포함시킬 수 있게 됨에 따라 가로환경 개선, 세필지 및 옛 물길 형태 유지, 위해 업종의 제한 등 보다 다양한 지침들이 마련될 수 있을 것이다. 또한, 종묘 및 창덕궁 주변에 분포하는 다수의 문화유산들에 대해서 기존에 방치된 상태에서 벗어나, 유산과 연계시켜서 임금의 행차로 등의 프로그램을 위한 보다 효과적인 활용 방안을 마련하는 것이 가능하게 된다.

본 연구는 유산을 중심으로 한 물리적인 보호구역으로서의 도심부 세계유산 완충구역에 관한 논의를 유산의 역사적, 도시계획적. 시각적/경관적 가치를 반영하는 유산 주변 역사문화환경으로서의 논의로 발전시켰다는 데에 의의가 있으며, 이러한 입장에서 종묘와 창덕궁 완충구역 설정 방안을 대안적으로 제시하여 기존의 역사문화환경 보존지역 제도보다 더 효과적으로 세계유산이 보존관리 될 수 있음을 예시하였다. 또한, 그 동안 세계유산 보존관리에 관한 국내의 논의가 유산 중심에 치우쳐 있었던 반면에 유산 주변 역사문화환경까지로 논의의 범위를 확장시키는 의의를 가지고 있다. 본 연구의 결과는 향후 국내 여타 도심부 세계유산의 완충구역 설정에 있어서 설정 체계를 마련해볼 수 있는 기초자료로 활용될 수 있을 것이다.

그러나 본 연구는 완충구역 설정 및 역사문화환경 보전의 대상이 되는 거주자 및 토지소유자의 입장과 의견을 반영하지 못하였다. 이후 연구에서 이러한 부분이 도심부 세계유산 완충구역의 설정 방안으로서 함께 고찰될 수 있다면, 더욱 풍부한 결과가 나올 수 있을 것이다.

(예시) 연안완충구역 지정 및 관리지침

제2장 연안완충구역 지정

제3조(연안완충구역 지정) ① 국토해양부장관은 연안을 재해로부터 안전하고 생태적으로 건강하게 유지하기 위하여 다음 각 호에 해당하는 지역을 연안완충구역으로 지정할 수 있다.

1. 바다와 육지의 전이지역으로 연안의 독특한 생태적 특징, 환경적 가치, 뛰어난 해안경관을 가진 바닷가
2. 연안재해를 저감할 수 있는 해안사구나 해안림이 분포하는 바닷가 및 이를 보전하기 위해 필요한 주변지역
3. 해수면 상승이나 해양환경의 변화 등으로 연안침식이나 범람이 지속적 또는 주기적으로 나타나 안전하고 지속가능하게 이용하기 어려운 바닷가
4. 해수면 상승이나 기후변화 등에 따른 연안재해에 대한 취약성 평가 결과 연안육역을 보호하기 위하여 토지등록 등을 제한할 필요가 있는 바닷가

② 국토해양부장관은 연안완충구역의 선정을 위하여 필요한 경우 관련 전문가로 하여금 연안완충구역 선정의 필요성과 타당성을 검토하도록 할 수 있으며, 이를 위해 별도의 자문위원회를 구성할 수 있다.

③ 국토해양부장관은 연안완충구역을 지정하려면 미리 관련 시·도지사 및 시·군·구청장의 의견을 듣고, 관계 중앙행정기관의 장과 협의한 후 중앙연안관리심의회의 심의를 거친다.

제4조(연안완충구역 지정 고시) ① 국토해양부장관은 연안완충구역을 지정하고자 하는 때에는 다음 각 호의 사항을 고시한다.

1. 해당지역의 명칭·위치 및 면적
2. 지정 연월일
3. 지정목적 및 지정근거
4. 관리계획
5. 기타 국토해양부장관이 관리를 위하여 필요하다고 인정하는 사항

② 국토해양부장관은 연안완충구역 지정에 관한 고시 내용을 국토해양부 홈페이지에 게시한다.

③ 국토해양부장관은 연안완충구역의 위치를 연안관리정보시스템에 게시한다.

부　록

부 록

1. 세계유산과 조선왕릉

세계유산이란?

문화유산, 자연유산 그리고 문화와 자연의 가치를 담은 복합유산

세계유산은 1972년 유네스코(UNESCO, 국제연합교육과학문화기구) 세계 문화 및 자연유산의 보호에 관한 협약(Convention Concerning the Protection of the World Cultural and Natural Heritage)에 의거하여 세계유산목록에 등재된 유산을 지칭합니다.

인류의 보편적이고 뛰어난 가치를 지닌 각국의 부동산 유산이 등재되는 세계유산의 종류에는 문화유산, 자연유산 그리고 문화와 자연의 가치를 함께 담고 있는 복합유산이 있습니다.

인류무형문화유산이란?

우리의 다양한 무형유산이 유네스코 무형유산 대표목록에 등재될 수 있도록 지속적으로 노력하겠습니다.

2003년 유네스코 무형문화유산 보호 협약(Convention for the Safeguarding of Intangible Cultural Heritage)에 의거하여 문화적 다양성과 창의성이 유지될 수 있도록 대표목록 또는 긴급목록에 각국의 무형유산을 등재하는 제도입니다.

2005년까지 인류구전 및 무형유산걸작이라는 명칭으로 유네스코 프로그램 사업이었으나 지금은 세계유산과 마찬가지로 정부간 협약으로 발전되었습니다.

세계기록유산이란?

선조들이 과거에 있었던 일들을 문서 등으로 남긴 것이 바로 기록유산입니다.

유네스코가 고문서 등 전 세계의 귀중한 기록물을 보존하고 활용하기 위하여 1997년부터 2년마다 세계적 가치가 있는 기록유산을 선정하는 사업으로 유산의 종류로는 서적(책)이나 문서, 편지 등 여러 종류의 동산 유산이 포함됩니다.

세계유산이란?

「세계유산협약」(1972)에 의거하여 유네스코 세계유산위원회가 인류 전체를 위해 보호되어야 할 뛰어난 보편적 가치(Outstanding Universal Value)가 있다고 인정하여 세계유산목록에 등재한 유산으로 문화유산, 자연유산, 복합유산으로 분류됩니다.

〈명칭〉

세계유산 World Heritage

〈목적〉

자연재해나 전쟁 등으로 파괴의 위험에 처한 유산의 복구 및 보호 활동 등을 통하여 보편적 인류 유산의 파괴를 근본적으로 방지하고, 문화유산 및 자연유산의 보호를 위한 국제적 협력 및 나라별 유산 보호 활동을 고무하기 위함

〈문화유산 (Cultural Heritage)〉

유적, 건축물, 문화재적 가치를 지닌 장소 등 (전체 세계유산의 77.5%)

〈자연유산 (Natural Heritage)〉

생물학적 군락, 지질학적 생성물, 멸종위기에 처한 동식물 서식지 등

〈복합유산 (Mixed Heritage)〉

문화유산과 자연유산의 특징을 동시에 충족하는 유산

〈등재 기준〉

- 기본원칙
완전성, 진정성, OUV(뛰어난 보편적 가치) 내재 여부 판단 및 적절한 보존관리 계획 수립 및 시행 여부
- 세부기준
  - (Ⅰ) 인간의 창조적 천재성이 만들어낸 걸작을 대표해야 한다.
  - (Ⅱ) 오랜 시간 동안 또는 세계의 일정 문화지역 내에서 일어난 건축, 기술, 기념비적 예술, 도시 계획 또는 조경 디자인의 발전에 있어 인간 가치의 중요한 교류를 보여주어야 한다.
  - (Ⅲ) 문화적 전통 또는 현존하거나 이미 사라진 문명의 독보적이거나 적어도 특출한 증거가 되어야 한다.
  - (Ⅳ) 인류 역사의 중요한 단계(들)를 예증하는 건조물의 유형, 건축적 또는 기술적 총체, 경관의 탁월한 사례여야 한다.
  - (Ⅴ) 문화(복수의 문화)를 대표하는 전통적 정주지(定住地)나 토지 이용, 해양 이용을 예증하거나, 인간과 환경의 상호작용, 특히 돌이킬 수 없는 변화의 영향으로 환경이 취약해졌을 때의 상호작용의 대표적 사례여야 한다.
  - (Ⅵ) 사건이나 살아있는 전통, 사상이나 신조, 뛰어난 보편성이 탁월한 예술 및 문학 작품과 직접 또는 가시적으로 연관되어야 한다. (위원회는 이 기준은 여타 기준과 연계해 사용하는 편이 바람직하다고 생각함)
  - (Ⅶ) 최상의 자연 현상이나 뛰어난 자연미와 미학적 중요성을 지닌 지역을 포함해야 한다.
  - (Ⅷ) 생명의 기록이나 지형 발전에 있어 중요한 지질학적 진행 과정, 또는 지형학이나 자연지리학적 측면의 중요 특징을 포함해 지구 역사상의 주요 단계를 입증하는 대표적 사례여야 한다.

- (Ⅸ) 육상, 담수, 해안 및 해양 생태계와 동식물 군락의 진화 및 발전에 있어 생태학적, 생물학적 주요 진행 과정을 입증하는 대표적 사례여야 한다.
- (Ⅹ) 생물학적 다양성의 현장 보존을 위해 가장 중요하고 의미가 큰 자연 서식지를 포괄하여야 하며 과학이나 보존 관점에서 볼 때 보편적 가치가 탁월하지만 현재 멸종 위기에 처한 종을 포함한다.

〈진정성〉

당해 문화재의 문화적 가치(제안된 신청기준에서 인정하는 가치)가 다음과 같이 다양한 속성을 통해 진실되고 신뢰성 있게 표현되어야 함

- 형식과 디자인
- 용도와 기능
- 전통, 기법, 관리 체계
- 위치와 환경
- 언어와 여타 형태의 무형유산
- 정신과 감성 및 기타 내부 및 외부 요인

〈완전성〉

뛰어난 보편적 가치의 표현에 필요한 요소 일체를 어느 정도 포함하고 있는지, 본연의 중요성을 나타내는 특징 및 과정을 완벽하게 구현할 만큼의 충분한 규모인지, 개발 및 또는 방치로 인한 부작용 때문에 어느 정도 문제를 앓고 있는지 등이 표현되어야 함

〈등재 절차〉

단계	시 기	주 체	내 용
1단계		시도지사	잠정목록 대상 유산을 문화재청에 신청
2단계		문화재청	잠정목록 대상 유산 조사
3단계		문화재청	잠정목록 등재 신청 대상 확정
4단계		문화재청	잠정목록 등재신청서를 유네스코 사무국에 제출
5단계		문화재청	세계유산 우선등재목록 선정 (매년 2~4개 유지)
6단계	등재신청연도 전전년12월말까지	문화재청	세계유산 등재신청 대상 선정(2개)
7단계	등재신청연도 전년7월말까지	문화재청	세계유산 최종 등재신청 대상 선정
8단계	등재신청연도 전년8월말까지	문화재청	세계유산등재신청서 초안을 문화재청에 제출
9단계	등재신청연도 전년9월30일까지	문화재청	세계유산등재신청서 초안을 유네스코 사무국에 제출
10단계	등재신청연도 2월1일까지	문화재청	세계유산등재신청서 최종본을 유네스코 사무국에 제출
11단계	등재신청연도 8~9월	유네스코 자문기구	유네스코 자문기구 현지실사
12단계	등재신청연도 9~12월	유네스코 자문기구	유네스코 자문기구 보충자료 요구
13단계	등재신청연도 익년4월경	유네스코 자문기구	유네스코 자문기구 심사결과를 유네스코에 통보
14단계	등재신청연도 익년6~7월경	세계유산 위원회	세계유산위원회 결정

〈등재 효과〉

세계유산으로 등재되는 것의 이점은 해당유산의 보호에 대한 국내외의 관심과 지원을 높일 수 있는데 있다. 한 국가의 문화수준을 가늠하는 척도로서도 작용하기 때문에 유산 소재 지역 및 국가의 자긍심과 자부심을 고취시키며 유산 보호를 위한 책임감을 형성한다.

또한 세계유산목록에 오른 유산들은 국제적 협력의 대상이 되기 때문에 유산 보호에 대한 사업들에 국제기구 및 단체들의 기술적, 재정적 지원을 받을 수 있고 해당 정부의 추가적인 관심과 지원으로 보존계획 및 관리의 수준이 향상되며 인지도가 높아짐에 따라 방문객이 증가되어 이에 따른 고용기회 및 수입이 늘어날 수 있다.

〈소유권 행사〉

세계유산 등재는 해당 유산의 소유권이나 통제에 영향을 주지 않으며 소유권은 등재 이전과 동일하게 유지되고 국내법이 동일하게 적용된다.

〈등재된 유산의 보전, 관리〉

협약국은 세계유산으로 등재된 유산에 대하여 매6년마다 유산의 상태에 대한 정기보고를 세계유산위원회에 하여야 하며 이외에도 유산에 영향을 미치는 변화가 일어나는 경우 유산의 보존현황 보고를 하여야 한다.

〈세계유산위원회 (World Heritage Committee)〉

- 위원회 개요
  - 세계유산위원회는 세계유산협약 제8조에 의거하여 설립된 정부간 위원회로서 세계유산 등재 유산 심의 결정, 기금 사용 승인, 위험에 처한 유산 선정, 보호 관리에 대한 정책 결정 등의 역할을 수행함.
  - 총 21개국으로 구성되며 세계유산 협약국 중 세계유산총회에서 투표로 위원국을 선출함.
- 위원회 구성
  - 위원국 : 21개국 (임기 6년 → 최근 원활한 순환을 위하여 자발적으로 4년으로 축소)
  - 의장단 : 의장 1, 부의장 5(지역별 배분), 서기 1

〈한국의 세계문화유산〉

한국의 갯벌(2021년)

한국의 서원 (2019년)

한국의 산지 승원(2018년)

백제역사유적지구(2015년)

남한산성(2014년)

한국의 역사마을 : 하회와 양동 (2010년)

조선왕릉 (2009년)

제주 화산섬과 용암동굴(2007년)

고창 · 화순 · 강화 고인돌 유적 (2000년)

경주역사유적지구(2000년)

수원 화성(1997년)

창덕궁(1997년)

종묘(1995년)

해인사 장경판전(1995년)

석굴암 · 불국사 (1995년)

강진 도요지

남해안 공룡화석지

순천 낙안읍성

창녕 우포늪

한양도성

가야 고분군

2. 태릉CC 일대 부지보존 및 활용방안 등에 대한 여론조사

노원구민 71%가 태릉CC는 역사문화생태공원으로 조성해야 한다는 여론조사 결과를 보고합니다.

태릉CC 부지는 노원구민, 더 나아가 서울과 경기 동북부 일대에서 다시는 찾아보기 힘든 마지막 남은 귀중한 땅입니다.

이 땅에는 태릉이라는 세계문화유산이 있고 그 완충 구역으로 역할을 해온 연지(蓮池)가 자연생태계의 보고로써 태릉CC 공공주택단지 개발 반대운동 과정에서 새롭게 주목받아 왔습니다.

2022년 12월 서울시립대에 의뢰하여 실시한 자연환경 및 생태계 조사결과, 이곳 일대에는 총 121종류의 식물이 조사됐으며, 수령 200년이 넘는 소나무 등 다양한 종류의 큰 나무가 분포하는 것으로 확인됐습니다.

또한, 야생조류 법정 보호종으로 천연기념물인 솔부엉이, 황조롱이, 원앙과 서울시 보호종인 제비, 꾀꼬리, 박새, 그리고 여러 종의 딱따구리 등 9종이 확인되었고 멸종위기종인 맹꽁이를 포함해 희귀 양서·파충류도 다수 서식하고 있는 것으로 조사되었습니다.

2022년 11월에는 여론조사전문기관 알앤비리서치에 의뢰하여 노원구에 거주 시민 1,000명을 대상으로 여론조사를 실시하였습니다. 주민들의 진정한 민의를 왜곡하거나 자의적으로 해석하는 것을 막고 주민들의 뜻을 객관적이고 공정하게 파악하여 정책 추진의 동력으로 삼고자 했던 것입니다.

여론조사에서 노원구민의 71%는 태릉CC 일대 부지를 역사문화생태공원으로 조성하자는 의견을 보였고 공공주택단지를 건설하자는 의견은 22.3%에 불과했습니다.

또한, 76.5%의 응답자가 해당 지역 생물 다양성 조사의 필요성에 찬성했으며, 77.8%는 태릉 연지를 습지보호 구역으로 지정해 보호해야 한다고 응답했습니다.

저는 서울시의원 임기 시작과 동시에 서울특별시의회 제1호 청원 및 연지 보존대책 수립 서울시의회 결의안 주도, 세계유산 보존관리 활성화 방안 토론회 개최, '유네스코 세계유산 보존·관리 및 활용에 관한 조례안' 대표 발의 등 태릉CC 세계문화유산과 연지 일대의 자연생태 보호를 위한 활동에 매진해 왔습니다.

지난해 초 김포 장릉 사태를 보면서 세계문화유산 관리의 허술함을 보고 허탈해했던 기억이 새롭습니다. 다시는 이런 우를 범해서는 안 됩니다. 잘 못된 정책을 바로 잡는 데는 정책 수립 단계보다 몇십 배의 노력과 시간과 예산을 소비하는 것을 똑똑히 봐왔지 않습니까.

세계문화유산의 완전성을 훼손하고, 생태환경을 파괴하면서 무리하게 추진하는 공공주택 개발계획을 전면 백지화하는데, 저는 지금까지 그래 왔던 것처럼 더욱 분발하여 몸이 부서지라 앞장설 것입니다.

아울러 노원구민의 71%라는 절대 지지 여론이라는 최고의 든든한 배경과 기반으로 태릉CC 및 연지 일대를 람사르 습지보호 구역 및 생태경관 지역으로 지정하여 역사문화와 생태자연이 환상적으로 어우러진 서울시민을 위한 서울의 랜드마크로 조성하는 데 혼신을 다할 것입니다.

서울시의회, 태릉골프장 일대 부지보존 및 활용방안 등에 관한 시민여론조사 결과 공개

- 그린벨트 태릉CC 개발의 방향성에 대해 노원구민은 역사문화생태공원 압도적 찬성(71.0%), 공공주택 단지(22.3%)

- "태릉CC일대 동식물 생물다양성 연구를 통해 람사르 습지보호지역 지정해야"

□ 서울시의회가 수행한 '태릉골프장 일대 부지보존 및 활용방안 등에 대한 여론조사' 결과가 공개되었다. 국토교통부가 그린벨트인 태릉CC 부지의 대단위 공공주택단지 건설을 추진하고 있는 가운데, 서울시의회는 노원구에 거주하는 만18세 이상 남·녀 1,000명을 대상으로 '태릉CC 부지활용 방향성, 공공주택단지 건설 찬반, 동식물 생물다양성 연구 및 람사르 습지보호지역 지정 추진의견 등'에 대하여 유선전화 및 ARS로 설문조사를 수행하였다('22.11.18.~24).

□ 여론조사 결과, 그린벨트 태릉CC 개발방향에 대하여, 노원구민은 태릉 역사문화생태공원 71.0%, 공공주택 단지 22.3% 순으로 나타났다.

- 또한, 태릉CC 부지의 공공주택단지 건설을 반대하는 이유는 극심한 교통체증 유발·미세먼지 증가로 주민 건강권 위협 39.4%, 멸종위기종 야생생물의 서식지 파괴 등 자연생태환경 파괴 및 그린벨트 훼손 35.1% 순으로 나타났다. 반면 찬성이유는 주택난 심각 47.0%, 노원구 경제활성화 기여 31.5% 순으로 나타났다.

- 한편, 태릉CC일대 동식물 생물다양성에 관한 생태연구 조사에 대한 의견에 대해서는 찬성 76.5%, 반대 16.6%로 나타났으며, 태릉CC일대 람사르 습지보호지역 지정추진에 대한 의견에서는 찬성 77.8%, 반대 15.5%로 나타났다.

> < '태릉골프장 일대 부지보존 및 활용방안 등에 관한
> 시민여론조사 보고서' 주요 내용 및 결과 요지>
>
> - 조사 대상 : 노원구에 거주하는 만18세 이상 남·녀 1,000명
> - 조사 기간 : 2022년 11월 18일 ~ 24일
> - 조사 방법 : 유선 전화면접, ARS
> - 조사 내용 : 태릉CC 부지활용 방향성, 공공주택단지 건설 찬반, 동식물
>   생물다양성 연구 및 람사르 습지보호지역 지정 추진 의견 등
> - 주요 결과 : 그린벨트 태릉CC 개발의 방향성에 대한 의견조사결과,
>   태릉역사문화생태공원 71.0%, 공공주택 단지 22.3%로
>   나타남

☐ 이 여론조사는, 국토교통부의 태릉CC 부지 공공주택단지 건설계획에 대해 세계문화유산 및 멸종위기종 보존, 교통체증 발생 등의 이유로 시민들이 반대하고 있는 반면, 집값 안정과 부족한 주택을 공급하기 위해 국토교통부가 공공주택 건설을 추진하는 등 사업추진 여부에 대해 첨예하게 대립하고 있는 상황에서 서울시의회가 주민들의 의사를 올바르게 파악하기 위해서 추진한 것으로 전해진다.

☐ 박환희 위원장은 "여론조사 결과에도 나왔듯이, 중요한 것은 그린벨트 태릉CC 개발의 방향성 조사에서 나타난 노원구민의 압도적인 의견, 즉, '태릉역사문화생태공원'이 조성되어야 한다는 것이다.
이를 위해 국토교통부가 주민의 의사를 무시하고 추진되고 있는 공공주택지구 개발계획이 반드시 취소되어야 하고, 추후, 태릉CC일대(특히, 태릉 연지)에 대한 동식물 생물다양성 연구를 통해 람사르 습지보호지역로 지정되어야 한다."고 강조하였다.

노원구민 71% "태릉골프장 부지, 생태공원으로 만들어야"
정부 계획대로 '공공주택단지 건설'엔 22%만 찬성
반대이유 "교통체증·미세먼지로 건강권 위협" 1위

(서울=뉴스1) 윤다정 기자 = 서울 노원구민 10명 중 7명은 그린벨트인 태릉골프장 부지를 역사문화생태공원으로 조성해야 한다고 보는 것으로 나타났다. 부지를 공공주택 단지로 활용할 경우 교통체증과 미세먼지, 멸종위기종 서식지 파괴 등이 우려된다는 것이다.

10일 '태릉골프장 일대 부지보존 및 활용방안 등에 관한 시민여론조사 보고서'에 따르면 태릉골프장 부지 개발의 방향성을 묻는 질문에 '태릉역사문화생태공원'으로 활용해야 한다는 응답은 71.0%, '공공주택 단지'로 활용해야 한다는 응답은 22.3%였다.

앞서 지난 2020년 정부는 '8·4 공급 대책'을 통해 태릉골프장 부지에 1만 가구 규모의 공공주택단지 건설 계획을 발표했다. 그러나 주민들의 반대 여론에 부딪혀 지난 2021년 공급 계획이 6800가구로 줄었고 사업 추진도 지연되고 있다.

이런 가운데 오승록 노원구청장은 지난해 6월 〈뉴스1〉과 인터뷰에서 태릉골프장 개발과 관련해 "백지화에 환영한다"며 "기어이 아파트를 짓겠다고 하면 기존에 합의한 대로 '6800세대 조성+공원 조성+교통대책 수립' 패키지를 이행해야 할 것"이라고 강조하기도 했다.

이번 조사를 통해 나타난 공공주택단지 건설 반대 이유를 살펴보면 '극심한

교통체증 유발·미세먼지 증가로 주민 건강권이 위협받는다'는 의견이 39.4%로 가장 많았다.`

'멸종위기종 야생동물의 서식지 파괴 등 자연생태환경 파괴와 그린벨트 훼손'을 우려하는 의견이 35.1%로, 근소한 차이로 뒤를 이었다. '조선왕릉 태릉강릉의 유네스코 세계문화유산 등재 취소 우려'는 17.2%였다.

찬성하는 이유로는 '공공주택 공급이 부족해 주택난이 심각하다'(47.0%)가 가장 많았다. 이어 △노원구의 지역경제 활성화에 기여할 것이기 때문(31.5%) △노원구 인구 유입이 증가하기 때문(11.6%) 등 순이었다.

동식물 생물 다양성에 관한 생태연구 조사에 찬성하는 의견은 76.5%, 반대 의견은 16.6%였다. 태릉골프장 내 연지 습지 일대에는 천연기념물인 원앙과 황조롱이, 멸종위기종인 맹꽁이, 삵, 새매 등이 서식하는 것으로 알려졌다.

여기에 부지 일대 습지를 원형 복원하고 한강 밤섬에 이어 '람사르 습지보호지역' 지정도 추진해야 한다는 데 대해서는 찬성 의견이 77.8%, 반대 의견이 15.5%였다.

이번 조사는 서울시의회가 알앤비리서치에 의뢰해 지난해 11월18일부터 24일까지 노원구에 거주하는 만 18세 이상 남녀 1000명을 대상으로 실시했다. 표본 오차는 95% 신뢰수준에 오차범위 ±3.1%p다.

3. 드레스덴엘베계곡, 리버풀 사례로 본 세계유산보존정책

18~19세기 무역항구의 모습을 간직해 세계유산으로 지정됐던
영국 리버풀은 지난해 세계유산에서 삭제됐다.

세계적으로 유네스코 세계유산에서 박탈된 경우가 없지 않다.

독일 드레스덴 엘베 계곡은 16~18세기 왕궁과 어우러진 경관이 뛰어나 2004년 세계유산으로 지정된 뒤 '주민의 편의를 위해' 다리 건설을 시작했다. 교통체증은 해소됐지만, 세계유산 지정 2년만인 2006년 '위험에 처한 유산'으로 분류됐고 2009년 세계유산 목록에서 삭제됐다.

2004년 '해양 무역도시'로 세계유산에 올랐던 영국 리버풀은 재개발이 진행되며 18~19세기 무역 항구의 모습이 사라졌고, 지난해 세계유산 지위를 박탈당했다.

MUNHWAJAE Korean Journal of Cultural Heritage Studies Vol. 48, No.2, June 2015, pp.96–109

Copyright©2015, National Research Institute of Cultural Heritage

드레스덴 엘베계곡의 사례로 본 세계유산 보존 정책

조유진

건국대학교

국 문 초 록

2004년 세계유산으로 등재된 독일의 드레스덴 엘베계곡(Dresden Elbe Valley)은 드레스덴 시가 유산 지역 내에 다리를 건설하는 과정에서 이 계획이 세계유산 가치를 훼손한다고 해서 유네스코 및 세계유산위원회와 직접적으로 대립하여 2009년 세계유산목록에서 삭제됐다. 표면상으로 이 경우는 '보존'과 '개발'이 충돌하여 빚어진 결과라고 볼 수도 있다. 그러나 드레스덴의 역사적 경관과 별도로 도시 기능 유지에 필요한 다리의 필요성과 이에 대한 주민들의 생각을 살펴보면 이 건은 우리에게 익숙한 유산 지역의 '개발'과는 조금 다른 모습이었다는 것을 알 수 있다. 이 논문에서는 드레스덴 엘베계곡의 세계유산목록에서의 삭제에 이르는 과정을 면밀히 살펴보고, 유산 가치를 결정하는 주체와 보존관리의 주체 간의 충돌에서 온 문제점과 이에 대한 해결책을 모색하였다. 특히 유산 보존을 위해서는 지역 주민이 적극적으로 고려되는 유산 공동체의 역할이 어떻게 핵심적으로 작동할 수 있는지를 다시 한 번 확인하고 우리의 현실에 맞는 도심지역 유산의 보존을 위한 원칙과 문화재영향평가 지침 수립의 필요성을 제안한다.

4. 박환희 의원 언론 인터뷰 자료

1) 11대 개원 이후 지금까지 운영위원회를 이끌어 오신 소회는?

지난해 7월 제11대 의회 개원 이후 무척 바쁘게 지내왔고, 여전히 해야 할 일들이 산적해 있습니다. 서울시의회 전체적으로는 오랜 시간 시민들의 지탄을 받아왔던 tbs의 편파방송 정상화를 위해 중요한 결정을 했고, 학생과 학부모 누구의 지지도 받지 못한 교육행정을 바로잡고 무분별하게 집행했던 교육예산을 합리적으로 조정하기 위해 애써 왔습니다.

이 과정에서 우리 운영위원회는 112명의 서울시의회 의원들 모두가 원활하게 의정활동을 펼칠 수 있도록 직·간접적으로 지원해오고 있습니다. 의회사무처 조직을 의정활동 수요에 맞추어 개편하고 낡고 권위적인 회의장도 조금씩 개선하고 있습니다. 정책지원관 채용을 완료해 의원님들의 원활한 의정활동을 돕고 있으며, 정책지원관들이 빠르게 조직에 융화될 수 있도록 직무교육도 조기에 실시하도록 했습니다.

또한 시민들이 서울특별시의회의 다양한 활동을 쉽게 확인할 수 있도록 정기적인 기자간담회를 개최하는 것을 포함해 효과적인 홍보방안을 마련하도록 했습니다. 시민 여론 청취와 의정역량 강화를 위한 각종 교육기회 제공과 토론회 등 개최 지원에도 애써왔습니다.

당면한 현안이 많고 절대적인 시간이 부족하지만 조급해 하지 않고 앞으로도 서울특별시의회가 시민들에게 사랑받는 의회가 되도록 운영위원회가 앞장서도록 하겠습니다.

2) 올해 운영위원회가 계획하고 있는 사업은?

우선, 여전히 부족한 점이 많은 지방분권 강화에 관심을 기울일 생각입니다. 개정된 지방자치법에 따른 인사권 독립 이후에도 예산편성권이나 조직권에 대한 독립이 불완전한 상황에서 반쪽자리 지방의회라는 상황은 크게 개선되지 못했습니다.

국회가 여전히 논의 중인 지방의회법의 조속한 입법과 의정회 육성법을 포함해 다양한 분권과제들을 충실히 추진할 계획입니다. 최근 국회 법사위를 통과해 연내 통과가 예상되는 인사청문회와 교섭단체 구성 근거를 담은 지방자치법 개정에 맞추어 관련 자치법규도 신속히 마련하도록 준비하겠습니다.

서울특별시의회가 일 잘하는 정책의회로 거듭나기 위해서는 사무처의 역할도 매우 중요하다고 생각합니다. 사무처의 기능과 조직은 물론이고 매년 관행적으로 해오던 사업들의 필요성을 따져서 의정활동 지원조직으로서 정체성을 새롭게 확립할 수 있도록 노력하겠습니다. 이 과정에서 의회 운영 효율성을 위해 기능과 역할의 분화에 대한 고민도 하고 있습니다.

운영위원회는 서울시장 비서실과 정무부시장실을 소관으로 하고 있습니다. 시정과 교육행정의 동반자 때로 감시와 견제자로서의 역할에 충실하기 위해서 주요 현안에 대한 정보공유와 소통을 위한 장치를 마련할 생각입니다.

3) 운영위원장님의 올해 계획은?

지난 해 이태원 참사를 포함해 여름 폭우를 경험하면서 여전히 우리 서울이 정치·사회·경제 발전 속도와 비교해 재난이나 안전문제에 취약하다고 생각합니다. 선진화된 대응매뉴얼이 체계적으로 자리잡을 수 있도록 요구할 생각입니다.

급등한 금리와 인플레이션으로 그 어느 때보다 서민경제가 어려울 것으로 판단됩니다. 세계적인 경제 위기를 서울만 피해갈 수 없겠지만 미리미리 준비해 서민들이 이 위기 상황에서 가능한 빨리 벗어날 수 있도록 대비하도록 하겠습니다.

세대간·계층간 갈등이나 사회적 분열에 대한 문제도 심각한 우려를 갖고 지켜보고 있습니다. 갈등과 분열의 근본적인 원인을 파악하고 비전을 제시하는 의회상을 만들어가고 싶습니다.

아울러, 우리 미래 새대인 학생들의 학력저하 문제로 많은 학부모님들께서 걱정하고 염려하고 계신 것을 잘 알고 있습니다. 우리 아이들이 제도권 내에서 마음껏 공부하고 학부모님들이 사교육 걱정없이 신뢰할 수 있는 서울교육시스템을 만들어 나가도록 애쓰겠습니다.

이외에도 할 일이 너무 많습니다만 의회의 방향을 결정해 나가는 운영위원회를 맡은 위원장으로서 무엇보다 서울시와 서울시교육청을 포함해 집행기관과의 원활한 소통을 통해 시민이 변화를 체감할 수 있는 서울을 만들어 나가는데 주어진 역할을 다하겠습니다.

4) 시의회 운영과 전체 활동에서 변해야 하는 부분은?

의회는 집행기관과 달라서 의사결정구조나 정책집행과정이 분권적이어야 한다고 생각합니다만 안타깝게도 현재까지 서울특별시의회를 포함해 우리 지방의회 운영은 분권보다는 집권적이라고 평가할 수 있을 것 같습니다.

소수에게 집중된 권한과 업무처리 방식은 효율적일 수 있지만 112명의 의원으로 구성되는 지방의회가 갖고 있는 특성을 반영한 운영방식으로 적합하지 않다고 생각합니다. 일례로 각 상임위원회는 조례에 따라 부여된 소관 업무에 대해서는 충분한 독립성과 자율성을 갖고 있어야 할 것으로 봅니다.

교섭단체별로 특정한 주요 이슈에 대한 정치적 지향성이 있을 수 있지만 의회운영의 기본은 자율성과 분권이라고 생각하고 민주성을 강화하는 방식으로 업무 추진방식이 변경되는 것이 필요하다고 생각합니다.

사무처의 업무처리 방식도 집행기관과 달라야 한다고 생각합니다. 법과 제도에 의해 작동해야 하지만 이 제도를 해석하는 사무처의 태도는 현재보다 훨씬 의회 중심적이고 유연해야 한다고 생각됩니다. 과거의 관행이나 관습적이 업무처리 방식을 개선할 필요가 있습니다.

5) 대한민국시도의회운영위원장협의회장으로 활동 중인데, 지방자치의 발전을 위해 필요한 사항은?

17개 광역의회의 모임이다 보니 각 의회가 처한 상황이나 여건이 다르기 때문에 주요한 관심에 대한 우선순위가 다를 수 있다고 판단됩니다. 하지만 단체장을 견제하고 감시하는 지방의회가 되어야 한다는 대전제에 있어서 각 의회가 같은 생각을 갖고 있습니다.

비록 1년의 짧은 임기지만 저는 협의회장 당선 이후 현재까지 지방의회의 예결산 분석과 정책개발 능력 배양을 위해 예결산분석시스템 도입을 추진하고 있습니다. 지난 해 몇 차례 전문가 세미나를 개최했고 최근에는 국회예산정책처와 업무협약을 체결했습니다.

이달 말에는 해당 분야 연구용역을 통해 시스템 도입 필요성과 효과에 대해 다시 한 번 전문가 검증을 실시하고 국회와 기재부 등 관련부서와 전문가가 모두 참여하는 토론회도 개최할 예정입니다. 지방재정 규모가 날로 확대되는 시점에서 지방의원들이 언제든 예산과 결산심사를 위한 자료를 찾아보고 활용할 수 있도록 체계적인 시스템을 갖추는데 최선의 노력을 다하겠습니다.

지방의회법 제정이나 의정회육성법 제정, 지방의회 자치조직권과 예산편성권 확보 등 지방의회의 오랜 과제를 해결하는 과정에 17개 광역의회뿐만 아니라 기초의회와의 협력 강화 방안에 대해서도 고민하고 노력할 생각입니다.

근데 지방의회가 바로 서기 위해서는 지방의회 자체만의 노력으로는 한계가 있습니다. 무엇보다 국회나 행정안전부가 지방의회의 자율권을 보장하려는 전향적인 자세를 보여야 한다고 생각합니다. 자꾸 통제하고 간섭하려는 과거 회귀적이고 중앙집권적인 인식을 바꾸는 게 무엇보다 중요하다고 생각하고 국회와 정부 관계자들과의 적극적인 면담도 추진토록 하겠습니다.

6) 최근 '경춘선 숲길' 사업 등 태릉이나 연지와 연계한 지역발전을 위해 노력하고 계신데 지역에서 이루고 위원장님이 이루고 싶은 사항은?

지역에 다양한 현안이 있습니다. 그 중에서 가장 애착을 갖고 있는 부분이 바로 유네스코 세계유산인 태릉과 강릉 그리고 연지에 대한 보호대책입니다. 김포 장릉 사태에서 이미 교훈을 얻었지만 한번 훼손된 문화유산과 자연은 원상으로 되돌릴 수 없습니다. 유네스코세계유산으로 지정된 태릉과 강릉이 지속적인 가치를 인정받기 위해서는 왕릉과 구 주변지역까지 모두 잘 보존되고 보호되어야 합니다.

태릉골프장 내에 있는 연지(蓮池)는 태릉의 부속시설로 태릉 조성초기부터 존재해왔습니다. 최근 이 지역에 대한 생태조사를 전문가에게 의뢰해 실시한 결과 해당 지역에는 수령 200년 이상된 소나무를 비롯한 다양한 수종들이 존재하고 있고, 법정보호종인 원앙(천연기념물 제327호)과 황조롱이(천연기념물 제323-8호), 서울시 보호종인 쇠딱따구리, 박새는 물론이고, 멸종위기야생동물 2급인 맹꽁이와 하늘다람쥐(천연기념물 328호)로 서식하고 있는 것으로 확인되었습니다. 이런 조사를 바탕으로 서울시에 야생동물보호구역, 생태경관보전지역, 용도지구(보호지구) 지정을 요청하고 있습니다.

최근 노원구민들을 대상으로 한 여론조사에서도 71% 주민들께서 태릉골프장 일대를 보호해 생태공원으로 만들어야 한다고 응답해 주셨습니다. 국토부가 추진하고 있는 임대아파트 건립계획을 부당성을 주장하고 세계문화유산인 이 지역을 보호하는데 최선의 노력을 다하겠습니다.

이 밖에도 민족정기 회복을 위한 삼군부 복원이라든지, 경춘선숲길의 효용성 회복과 같은 지역 현안을 위해서도 지역 주민과 함께 지혜를 모아나갈 생각입니다.

5. 참고자료

1) 서울태릉 공공주택지구 개발사업에 대한 언론보도 현황

일자	언론사명	제목	찬성(아파트개발)/반대(문화재보호)
2023 6.27	서울신문	박환희 서울시의원, 국방부 '태릉골프장부지 개발반대 확 정' 적극 환영	(반대)지난 23일 SBS 뉴스, 태릉골프장부지 소유자 국 방부, 주택1만호 건설 반대 최종입장 대통령께 전달보 도. 박환희 의원, 지난해 7월부터 태릉CC개발 반대 청 원제출 시작으로 세계문화유산 태강릉 보존 위한 눈물 겨운 노력 지속. 세계유산영향평가 제도화 및 태릉 연지 완충구역 지정 문화재청에 요청. 무분별한 개발로 세계 유산 등재 취소로 한·중·일 문화주도권 상실하는 일 발 생하지 않게 대통령 결단 촉구
2023 6.26	내일신문	태릉골프장 주택공급 원점으 로 국방부 반대입장 결정 지역정치권·주민 환영	아파트개발 및 세계유산 등재취소로 이어져 세계유산을 둘러싼 한·중·일 주도권 경쟁에서 한국이 밀릴 수 있어 대통령의 대승적 결단
2023 6.26	일요신문	[서울시 고층제한 완화 쟁점 ③] 재산권 행사 vs 경관 보 존 '윈윈 카드' 없나	"주거 형태 시설만 들어서면 갈등 키워…시민 이용 공간 조성 및 규제 묶인 주민 혜택 방안 필요". 노원구 주민 들은 유네스코세계유산에 등재한 태릉 왕릉 훼손, 육군 사관학교 이전, 자연 생태계 파괴 등을 이유로 태릉골프 장의 택지 개발에 반대
2023 6.20	사이드 파트	태릉cc 세계유산영향평가 전 략환경영향평가 입주 지연	국토부에서는 현재 태릉이 개발로 인한 영향을 용역 중, 결과에 따라 토지이용계획 및 주택수도 변동의 여지. 세 계유산영향평가가 통과한 후에야 전략환경영향평가, 지 구지정의 관문인 중앙도시계획위원회의 심의 남아
2023 6.20	news1	[단독]태릉CC 세계유산영향 평가 받는다…'6800가구' 또 흔들리나	토지이용계획 변경 가능성 열어둬…"주택수 변동 여지 있다". 사업 지연 가능성 솔솔…'전략환경영향평가' 연 내 통과 불투명. 당초 전략환경영향평가가 통과되면 지 구지정 절차에 돌입할 계획이었으나, 문화재청 등 관계 기관과의 협의를 거쳐 세계유산영향평가를 받기로. 필수 절차 아니나 주민반발 고려 문화유산 훼손 최소화, 개발 정당성 확보 조치
2023 5.19	이뉴스 투데이	세계유산영향평가(HIA) 법제 화를 위한 '세계유산의 보존· 관리 및 활용에 관한 특별법 일부개정법률안' 통과 촉구 건의안	세계유산 주변 지역도 다양한 잠재적 개발에 직면해 있 는 상황속에서, 지난 2021년 12월 세계유산영향평가 (HIA) 제도 도입을 위하여 '세계유산의 보존·관리 및 활 용에 관한 특별법 일부개정법률안'이 발의됐으나 현재까 지 국회 계류 중, 조속한 법안 통과를 촉구

일자	언론사명	제목	찬성(아파트개발)/반대(문화재보호)
2023 5.8	열린뉴스 통신	박환희 서울시의회 운영위원장 "조선왕조 문화유산 '태강릉' 잘 보존하도록 노력할 것"	국토교통부가 추진하고 있는 태릉골프장부지의 택지개발에 대해 노원구 주민들과 함께 청원서를 제출하는 등 적극적으로 반대, 완충구역인 연지보호 노력
2023 4.10	아시아 경제	세계유산 영향평가 도입 탄력 받는다	세계유산의 탁월한 보편적 가치에 미치는 영향을 과학적으로 조사·예측·평가해 부정적 영향을 저감. 다양한 잠재적 개발로부터 세계유산의 탁월한 보편적 가치를 보호하기 위해 유산영향평가를 권고
2023 3.28	INSIGHT	박환희 서울시의회 운영위원장 "세계문화유산 태강릉 보호에 적극 협력"	개발로 조선왕릉이 세계문화유산에서 탈락하지 않도록 공동연대 약속 박환희 위원장, 태릉일대에 문화생태공원을 조성하여 문화재·생태계보전 '두 마리토끼' 잡겠다고 약속
2023 3.11	서울신문	박환희 서울시의회 운영위원장 "세계문화유산 보호 위한 획기적 계기 마련"	박 위원장 대표 발의 '서울시 문화재지킴이 활동에 관한 조례안' 본회의 통과 박 위원장 "민간차원 문화재지킴이 활동 지원으로 각종 개발로부터 위협받는 세계문화유산 보호"
2023 2.23	뉴스 메이커	"경춘선숲길은 태릉·연지와 연계해 추진돼야한다"	국토교통부는 태릉골프장 일대에 대규모 아파트 단지 개발을 발표하고 관련 절차를 진행 중. 서울시의회는 지난해 7월 아파트개발 반대를 위한 청원1호 제출, 문화재청에 태릉 연지보호를 위한 세계유산영향평가, 연지보존 등 적극적 대책 촉구. 세계문화유산인 조선왕릉 태릉, 연지일대 학생과 시민들이 함께한 플로깅(plogging)대회 개최
2023 2.10	공감신문	올해 '문화재 지킴이의 날' 행사 '서울태릉' 유치	"세계문화유산 '태릉' 및 연지(蓮池) 보호 위해 전국 8만 문화재지킴이 염원 모을 것"
2022. 12.30	서울신문	서울시의회 박환희 운영위원장, '세계문화유산 보호를 위한 문화재지킴이' 위촉	문화재지킴이로서 우리의 소중한 문화재 보호 위한 파수꾼 역할 약속 "무분별한 택지 개발위협으로부터 세계문화유산(태릉) 및 연지 보호에 앞장설 것"
2022 12.30	이미디어	서울시의회, 태릉골프장 활용 방안 등에 관한 시민여론조사 결과 공개	태릉골프장 부지에 대해 노원구민 71%, "태릉골프장 부지, 공원으로 만들어야"
2022 11.30	서울신문	박환희 위원장, '세계문화유산 보존·관리 활성화 방안 토론회' 개최	세계문화유산 보존관리를 위한 유산영향평가(HIA) 도입 촉구. "김포 장릉 사태 다시 반복되서는 안되는 불행한 일". 상임위원장 포함 시의원 20여명 이상 참가해 세계유산 보존의지 밝혀

일자	언론사명	제목	찬성(아파트개발)/반대(문화재보호)
2022 10.8	주간조선	유네스코 세계유산 동구릉의 '견치석' 공사 논란	일제 잔재라는 인식으로 견치석 허물고 전통한식 석축으로 교체, 세계유산의 역사성 훼손 논란, 서울 태릉과 경기도 김포 장릉 등 조선왕릉의 경관훼손 때 제 목소리를 못 냈던 문화재청이 멀쩡한 석축 제거 같은 일에만 힘을 빼고 있다는 지적, 경관훼손 등 현상변경이 계속될 경우 유네스코 세계유산 지위가 박탈될 가능성도 배제할 수 없다.
2022 9.29	매일일보	서울시의회, '서울태릉 공공주택지구 지정계획' 철회 촉구	연구단체 '자연문화환경탐사연구회' 태릉 연지 현장방문. 세계유산 태릉 보존 위해 연지(蓮池) 완충구역 지정 요청
2022 9.12	골프저널	표류하는 태릉골프장 재개발	2020.8 부동산84대책, 반대여론이 그저 '님비' 현상인 것도 아니었다. 교통 문제, 환경 파괴, 문화재 보호 등 뚜렷한 명분을 등에 업은 반대였다. 2021.8 1만호에서 6,800호 축소
2022 9.2	서울신문	서울시의회, 태릉 연지에 서식하는 동식물의 생물다양성 조사 연구용역 추진	연구용역 결과를 토대로 환경부를 대상으로 태릉골프장 일대에 대해 객관적인 실태조사를 거쳐 제대로 된 생태자연도 작성을 촉구할 계획. 습지 지정, 연지보존 대책
2022 8.14	한국경제	"태릉 軍 골프장에 공공주택 안된다"…서울시의회 집단 반발	서울시의회, 공공주택지구 반대 청원 성명 국토부의 대규모 주택 공급 발표를 앞두고 광역·기초자치단체 의원들의 긴장감
2022 8.13	헤럴드경제	왕릉에 또 발목잡히나…태릉 주변 유적발굴에 아파트 백지화 주장	박환희 서울시의회 운영위원장은 국토교통부의 일방적인 사업강행에 대해 소관 상임위원장단과 함께 반대한다는 성명을 발표 택지조성을 위한 사전 유적발굴 과정에서 태릉재실 터가 나온 것도 반대의 이유 소유주가 대부분 정부와 국가단체로 토지보상 등을 건너뛰며 빠른 주택공급도 가능한 것도 이 지역이 주목받는 이유
2022 8.5	우리동네 BTV	[B tv 서울뉴스] 서울시의회 '태릉CC 청원' 채택…국토부 결정은?	노원구 공릉동 일부 주민들이 태릉골프장 일대 주택공급을 막아달라며 지난달 4일 접수한 청원이 서울시의회 본회의를 통과.
2022 7.26	비즈월드	박환희 운영위원장 소개, '태릉골프장 일대 공공주택지구 지정 반대' 청원…상임위 의결	'생태계 파과·유네스코 문화유산 훼손·극심한 교통정체 우려'…주택균형개발위원 만장일치 의결. 국토교통부와 LH공사가 생태자연도 미분류지역인 사업대상지구를 법령에 기반한 정확한 조사나 검증 과정 없이 임의로 도시계획상 개발가능 지역인 생태자연도 '3등급지'로 분류

일자	언론사명	제목	찬성(아파트개발)/반대(문화재보호)
2022 7.22	공감신문	박환희 시의원, 서울태릉 공 공주택지구 '사업 불가 방침' 천명	허위공문서 작성 관련 기관 검찰고발·감사원 감사 등 법 적 조치 검토 예정 '공공주택지구 전략환경영향평가서 초안 공청회'에 참석
2022 7.14	천지일보	[스포츠 속으로] 태릉CC 택 지개발사업, 역사·자연환경 보존을 위해 전면 백지화해 야 한다	역사와 자연환경 보존을 위해서 태릉CC 택지 개발사업 계획을 전면 중단
2022 7.13	서울신문	박환희 서울시의원, 태릉 공 공주택지구 전략환경영향평 가서 공청회 참석	정조때의 「춘관통고」에도 언급된 연지는 약 500년동안 보존, 문화유산이 포함되었을 가능성이 높아 연지에 대 한 문화재청 차원의 조사와 발굴이 필요하다고 주장
2022 7.12	비즈니스 포스트	태릉CC부터 3기 신도시까지 도처에 '왕릉', 수도권 주택 공급 계획 난항	국토부는 2021년 11월 창릉신도시 및 서울 태릉지구는 입지검토, 개발구상 단계부터 경관분석 등을 통해 서오 릉, 태릉·강릉 등 문화재에 영향이 없도록 계획, 유네스 코 세계유산 영향평가 선제적 진행
2022 7.12	땅집고	정권 바뀌고 반대 들끓고…' 주택 공급' 동력 잃은 태릉 CC	주택 1만→6800가구로 축소…주민 반대로 사업 지지부 진. 국토부 "꼭 필요한 사업"…환경영향평가도 아직 통 과못해. "사업 멈출 수 없다면 복합개발 검토해야"
2022 7.4	공감신문	박환희 시의원, 11대 서울시 의회 1호 청원 접수…주민 3 천명 서명	'서울태릉골프장 일대 공공주택지구 지정' 반대 청원… 주민들 강력 반대. "문재인 정부 LH·국토교통부가 생태 3등급으로 둔갑시켜 일사천리로 추진", 세계문화유산 조선왕릉(태릉) 보전과 멸종위기종 보호 주민과 함께
2022 6.14	서울경제	6800가구 태릉CC 공급 '비 상등'…지구지정 또 연기	상반기 예고한 지구지정, 하반기로 연기. 8·4 공급 대책 발표 이후 세차례 늦어져. 주민 반대에 공급 일정·계획 잇따라 수정. 공청회 앞두고 '개발 철회하라' 반감 여전
2022 6.14	중앙일보	"용산 이어 육사도 이사가나" 태릉 개발 움직임에 軍 부글	육사 이전이 아파트를 짓기 위한 것이라니 반대할 수 밖에 없다"고 비판했다
2022 5.18	한겨레	맹꽁이에게 부끄러운 태릉골 프장 개발	보존가치가 없는 땅이 98.5%나 되니 개발을 강행하겠다 는 논리. 멸종위기종 서식지는 생태자연도 1등급. 개발해 야 한다면 환경부가 생태자연도 등급분류를 한 다음, 환 경영향평가 계획을 수립하는 적법한 절차를 거쳐야
2022 5.17	이미디어	국민의힘 박환희 전 서울시 원 선거사무실 개소식 가져	태릉골프장 아파트 개발을 반대하고, 그린벨트를 보전할 수 있는 생태공원으로 만들자는 공약을 제시
2022 3.15	서울 파이낸스	태릉CC 지구지정 움직임에 주민 반발…"밀어붙이기식 행정"	주민들 "교통난 심화 우려…천연기념물, 문화재도 고 려". LH "관련 대책 수립 중"…정부, 상반기 내 지구지 정 목표. 개발계획 추진에 앞서 지자체의 의견을 수렴하 지 않았기 때문에 주민들의 반발

일자	언론사명	제목	찬성(아파트개발)/반대(문화재보호)
2021 12.15	파이낸셜뉴스	수도권 신규택지 24곳, 지구지정 또 해 넘긴다 [표류하는 8·4 신규택지 공급]	주민과 지자체들의 반발과 문화재 경관 문제 등 각종 변수. 교통난 우려와 녹지 훼손으로 주민반대에 부딪힌 태릉골프장은 세계문화유산에 등재된 왕릉인 '태릉' 경관 문제에 발목. 국토부는 현재 유네스코 세계유산 영향평가와 병행해 지구지정 절차를 밟고 있다.
2021. 11.29	골프저널	왕릉 뷰 아파트 논란, 태릉골프장 주택공급 사업에 불똥	검단신도시 아파트가 장릉의 가치를 떨어뜨린다면, 태릉골프장 부지의 아파트도 태릉의 가치를 떨어뜨릴 것이라는 논리
2021 11.9	한경	부동산 개발에 '유산영향평가' 도입	문화재청, 내년 상반기 법제화 추진 유네스코 문화유산 인근서 개발사업 때 적용 환경·교통평가 이어…주택공급 위축 불가피 평가가 완료된 이후 결과를 반영해 지구단위계획 등 변경으로 상당기간 사업지연
2021 11.5	한겨레21	'왕릉뷰 아파트' 건설로 세계문화유산 취소되나	김포 장릉 주변 검단신도시 아파트 공사 중지됐으나 서울 노원 태·강릉, 고양 서오릉도 경관 침해 우려돼. 태릉지역주민단체인 '초록태릉을 지키는 시민들'은 2020년과 2021년 10월 유네스코 세계유산센터에 편지 발송
2021. 11.3	뉴스웨이	태릉CC, 6800가구로 줄였는데…이번엔 문화재가 '골치'	주민들 환경훼손 및 문화재 문제로 반발. 인천 검단신도시 역시 왕릉경관문제로 논란, "문화유산 가치 지켜야"…이달 유네스코 서한 발송 방침. 국토부 "태릉, 장릉과 달라…입지 검토부터 경관분석".
2021 10.28	MBC	태릉 골프장 부지에 아파트 지으면…장릉처럼 경관 훼손?	서울환경운동연합, 초록태릉을지키는시민들, 한국문화유산정책연구소 등은 지난 28일 서울 문화재청 궁능유적본부앞에서 태릉·강릉 보전 촉구 기자회견
2021 10.5	아시아경제	아파트 철거? 세계유산 취소? 문화재청 비판·책임론 잇따라	문화재청 국정감사서 김포 장릉 아파트 건설 두고 질타. 책임자 중징계와 감사원 감사 필요성 제기 "유네스코에 허위 보고". 문재인 정부 들어 조선왕릉 근처 아파트 부지 낙점 찾아져. "국토부에 태릉과 강릉 경관 고려해야 한다는 의견 전달한 상태"
2021 9.30	TV조선	[단독] '공급대책 핵심' 태릉 부지, 1/8이 문화보존지역	태릉부지의 8분의 1이 유네스코가 지정한 세계유산 '완충지역', 문화재보호법상 별도 허가가 필요한 지역에 해당. 유네스코는 "유산 환경영향평가를 진행해 결과보고서를 보내달라"는 자문기구 검토의견을 문화재청에 보냄
2021 9.28	천지일보	태릉 주민들, 유네스코에 "개발 막아달라" 서한 보낸다	"조선왕릉 경관 훼손될 우려… 세계유산 자격 박탈 가능성도". 태릉·강릉 주변 개발 계획으로 인한 우려를 서한으로 준비

일자	언론사명	제목	찬성(아파트개발)/반대(문화재보호)
2021 9.23	이데일리	아파트 짓는다더니 한옥?…3기신도시 택지선정 논란	검단신도시, 건축물 고도제한 문제로 아파트 공사중단. 고양창릉, 반경 500m 안에 문화유산 '서오릉' 포함되자 해당 구역에 아파트 대신 저층 한옥단지 짓기로. "공급은 놓치고 환경만 해쳐"…택지선정 비판 나와
2021 9.20	SBS뉴스	아파트에 무방비 노출된 조선왕릉…사태 주시하는 유네스코	노원구 주민 '초록 태릉을 지키는 시민들'(초태시)은 지난해 9월 유네스코에 정부의 태릉 주변 개발계획에 대한 우려 서한발송. 유네스코는 같은 해 11월 초태시에 "해당 내용을 한국 관계기관(문화재청 등)에 전달했다"며 "이 사안과 관계된 국제기구들과 함께 해당 문제를 주의 깊게 보고 있다"고 회신
2021 8. 9	뉴스웨이	[8·4대책 1년 현장에선①태릉cc]환경훼손·교통난 심화… 곳곳 '지뢰밭'	태릉골프장 1만가구 공급 계획, 주민 반발에 난항 겪어. 노원구 주민들 우려…"교통난 심해지고, 재개발 후순위". "인근 갈매신도시와 도시연담화 문제…정체성 모호해져". 환경단체 "공원 조성이 녹지 보존에 합리적". 서울시 '원점 재검토'…노원구 '공급 계획 절반 축소' 제안. 전문가 "지자체 및 주민들과 사전 협의 없이 추진해 문제"
2021 7.30	news1	태릉CC에 여의도공원보다 큰 공원 조성…공급물량은 '줄다리기'	30일 국토교통부와 노원구에 따르면 양측은 서울 노원구 태릉골프장 개발로 조성하는 신규택지 약 87만㎡ 중 25만㎡(28.7%)를 공원으로 활용하는 것에 공감대를 이뤘다. 태릉골프장 일대에 녹지 공간을 충분히 확보해야 한다는 서울시, 노원구의 요구가 받아들여지면서. 국토부는 태릉골프장 개발 과정에 시뮬레이션 결과를 반영해 문화유산 훼손 우려를 해소하겠다는 계획. 노원 대체지 검토
2021 6.24	국민일보	오승록 노원구청장 주민소환 최종 무산…서명인수 미달	정부의 태릉골프장 부지 택지개발에 미온적이라는 이유로 일부 주민단체가 추진했던 오승록 노원구청장 주민소환이 최종무산 4월 22일부터 6월 21일까지. 주민소환 투표가 이뤄지려면 지역 내 유권자 15%의 동의
2020 12.11	골프저널	미궁에 빠진 태릉골프장 이전 문제	문재인 정부에서 일명 8.4 부동산 대책의 하나로 진행하던 태릉골프장 부지 연내 활용 계획이 사실상 무산되었다는 주장 릉골프장 이전 문제의 당사자들이라 할 수 있는 국방부, 국토부, 노원구청 중 어느 곳에서도 사안이 지지부진한 상황

일자	언론사명	제목	찬성(아파트개발)/반대(문화재보호)
2020 12.8	디지털 타임스	"대통령님, 제발 태릉골프장을 지켜주세요"…지역 주민들의 애끊는 청원	8일 청와대 국민청원 게시판에는 태릉골프장 부지 개발을 반대하는 청원 글 등장 태릉골프장에 아파트를 건설할 경우 태릉의 시야를 가려 조선왕릉의 고유성이 훼손될 것
2020 11.14	한겨레 21	태릉골프장 떠난 곳에 공원인가, 아파트인가	문재인 대통령은 7월 20일 정세균 국무총리와의 주례회동에서 "개발제한구역(그린벨트)을 미래 세대를 위해서 해제하지 않겠다. 국가 소유 태릉골프장 부지를 활용해 주택을 공급하는 방안에 대해 논의해달라"고 말했다. 이어 8월4일 홍남기 부총리 겸 기획재정부 장관은 태릉골프장 등 서울과 수도권에 모두 13만2천 채의 주택공급방안 발표.
2020 11.8	매일일보	계획대로 공급 가능할까…핵심지역 주민 반발 거세	국토교통부에선 전체부지 약 87%가 그린벨트 종합환경평가 3등급 이하 개발 가능하다고 반박해왔다. 문화재청이 올해 국정감사에서 태릉의 '완전한 원형 보존'이 필요하다는 의견을 내비치면서 국토부와 엇박자. 정치권 시민단체에 힘을 실어 주었고, 서울시에서도 민관합동으로 환경평가를 다시 진행하겠다고 밝힌 상태. 시는 그린벨트 해제 불가능 고수 인근주민의 복잡한 셈법으로 임대 아파트 대량 공급되면 집값 하락할 수 있다는 우려
2020 10.22	우리동네 Btv	"태릉골프장 개발 철회하라"…'태릉보전연대' 출범	서울환경운동연합, 서울시민재정네트워크, 한국문화유산정책연구소 등 7개 시민단체가 연합해 태릉보전연대라는 이름 새롭게 출범
2020. 10.19	골프산업 신문	환경단체 "태릉CC 존속해야"	서울환경운동연합은 지난 9월18일(금) 서울시립대 환경생태연구실, 생태보전시민모임, 정의당 이은주 국회의원, 정의당 노원구위원회와 공동으로 태릉골프장 환경생태 조사를 실시하고 9월21일 조사 결과를 발표
2020 10.15	서울경제	'태릉골프장 개발' 추진에 배현진 "강행 땐 유네스코 세계유산 박탈 가능성"	유네스코에서 등재 및 보존의 조건으로 궁릉에 묻혀있는 왕의 시선에서 바라보는 경관 보존과 시야의 확보를 위해 아파트와 같은 건축물이 들어서선 안된다"고 지적 문화재청 태릉 택지개발구역 내 태릉의 연지 부지 매입 및 복원계획 이행해야

일자	언론사명	제목	찬성(아파트개발)/반대(문화재보호)
2020 10.6	MBC뉴스	[시선집중] "대통령 찍은 곳이라 무조건 개발? 태릉골프장 어떤 아파트든 안돼"	〈'초록 태릉을 지키는 시민들' 고예리 대표〉 세계유산 태릉 근처에 아파트? 세계유산 훼손 우려. 유네스코에 직접 반대서한. 지자체·국회의원, "태릉골프장은 대통령 찍은 곳" 언급. 태릉골프장에 어떤 아파트든 들어와선 안돼. 태릉골프장 개발계획 전면 무효화해야
2020 10.5	뉴스1	"태릉골프장 개발 반대" 유네스코 서한…국토부 "5%만 변경"	태릉 주민단체 "문화유산 훼손 가능성 커" 국토부 "공원 조성·도로 존치…영향 없다" 현재 태릉, 강릉으로 인한 문화재형상 변경이 필요한 면적은 태릉골프장 전체의 약 5%에 불과하며 해당 지역은 공원을 조성하거나 기존처럼 도로로 존치할 예정이라고 설명
2020 9.28	폴리뉴스	이은주 "태릉골프장 개발 면밀하게 검토해야"…10월 6일 온라인토론회 개최	다음달 6일 '태릉골프장 그린벨트, 과연 훼손지인가?'를 주제로 비대면 토론회를 개최한다
2020 9.15	대한경제	서울환경운동연합, 국방부에 '태릉골프장 개방' 요구	서울환경운동연합(이하 환경연합)은 15일 서울 용산구 국방부 정문 앞에서 기자회견을 열고, 태릉골프장 출입 신청서를 제출 태릉골프장 부지를 녹지로 보존해 주민들이 이용할 수 있게 해야 한다고 주장
2020 8.25	아시아투데이	"태릉골프장 보다 성남골프장이 택지개발에 더 유리"	8.4 주택공급대책 발표 후 국방부~국토부 대체부지 논의. 태릉골프장, 세계문화유산 태릉 인접해 경관 훼손 등 우려. 성남골프장, 위례신도시 인접해 강남 접근성·기반시설 우수
2020 8.23	파이낸셜뉴스	5000억 들인 '유네스코 조선왕릉', 태릉 1만가구 제동 거나 [태릉 아파트 개발 논란]	"35층 고층 아파트, 경관 훼손. 세계문화유산 등재 취소 우려". 문화재층서 제동땐 개발 차질. 국토부 "저층 배치로 해결 가능 과거에도 세계문화유산에 등재된 조선왕릉의 주변은 대규모 재건축계획안이 부결되거나 보류된 사례(2011년 7월 서울성북구 정릉동에 있는 조선 태조 계비 신덕왕후의 무덤인 사적 208호 정릉 주변의 대규모 아파트 개발안을 심의 끝에 경관보호 차원에서 부결. 경기 남양주시 금곡동 소재 사적 207호 홍유릉 주변 개발안도 같은 이유로 보류.

일자	언론사명	제목	찬성(아파트개발)/반대(문화재보호)
2020 8.15	서울환경연합	태릉 골프장 개발 설문조사발표	서울·남양주·구리 시민은 태릉골프장 그린벨트를 시민공원화(45.4%)하거나 그대로 보존하는 게 낫다(13.1%%)는 의견을 나타낸, 녹지로 보존하자는 의견이 58.5% 태릉골프장 택지 개발 반대 707명(73.3%)
2020 8.13	국토교통부	8.4대책 등 서울 36만 신규 주택 공급 … 공공택지 12만, 정비사업 20만	수도권 127만호 신규 주택의 약 30% 수준 공급. 공공택지는 강남에 6만, 강북에 5만호 균형 공급. 태릉CC(1만호) 공급. 철도·도로·대중교통 등 교통개선대책을 마련 중이며, 공원녹지도 적극 확보
2020 8.5	서울신문	與 정청래·우원식·김성환, 주택공급 대책에 불만	정부가 지역구 내 육사 태릉골프장을 주택 공급 부지로 활용하는 방안을 검토한다는 소식이 전해지자 이들 의원은 지난달 30일 주민들의 우려를 정부에 전달했다. 주민들이 이용 가능한 공원녹지 조성, 교통 정체에 대한 대책, 관련 일자리 창출 등을 요구하며 "요구 사항이 반영된 후속조치를 마련할 것을 국토교통부, 정부 당국에 강력히 촉구
2020 7.26	시민일보	조선왕릉 복원 위한 '태릉선수촌' 철거, 찬반 논란 거세	유네스코에서도 태릉선수촌을 철거하라고 분명히 언질을 했다. "1966년도 박정희 대통령이 집권하고 난 다음 (태릉을)무단으로 점령했다"며 "당시 태릉사격장, 태릉선수촌, 넓은 부지가 있었기 때문에 군사정권을 유지하는데 경제적인 이익을 위해 땅을 다 잘라서 팔았는데 그런 과정에서 불법으로 점유한 시설이라는 것
2020 7.20	경향신문	냉담한 여론에 "실익 적다" 판단한 듯…"태릉골프장 활용" 향후 불씨로	문 대통령 '그린벨트 혼선' 교통정리…남은 논란은. 김상조 "당정 결론" 뒤 서울시·시민단체·대권주자까지 반대. 군 소유 태릉 땅 활용 뜻 여전…전문가 "정부, 서두르면 안 돼"
2020 7.20	MBN	거론되는 유휴 부지는 어디.. 공급 대책 충분할까	도심 속 군 시설도 택지개발 0순위입니다. 대통령 검토 지시에 따라 국방부도 태릉골프장의 택지 개발 논의를 진행하겠다고 밝힌 만큼(미래세대를 위해 그린벨트를 보전), 태릉일대 개발이 다시 주목. 군 전용 시설인 태릉골프장뿐 아니라 바로 옆 육사부지까지 확보하면 150만㎡을 택지로 개발할 수 있어 주택 2만 채 가량의 공급 가능

일자	언론사명	제목	찬성(아파트개발)/반대(문화재보호)
2011 12.5	경상매일 신문	아태지역 세계유산 보존관리 실태 점검	유네스코 세계유산협약에 따라 실시되는 '세계유산 정기 보고'는 기존에 등재된 세계유산의 탁월한 보편적 가치를 점검하고, 유산 관리 보존 실태 전반을 점검
2009 6.28	국민일보	[조선왕릉 세계문화유산 등 재] 우수한 문화·탁월한 보존 인정	조선왕릉의 핵심 지역은 국가 소유의 토지이며 문화재 보호법에 의해 보호되고 있다. 그러나 도시화와 인구증가 등으로 개발압력이 증가하면서 상당수 왕릉 주변에 고층건물이나 도로, 목장, 학교, 골프장 등이 들어서 있는 게 현실이다. 유네스코는 평가보고서에서 일부 훼손된 능역을 원형 보존하고, 완충구역의 적절한 보존지침을 마련해 시행할 것을 권고했다. 이에 따라 문화재청은 사유지를 사들이는 등 능묘제도 복원사업 기본계획을 토대로 정비를 추진할 계획이다. 예를 들어 능역이 분할된 서삼릉 주변의 토지를 확보해 일대를 원상태로 회복하고, 태릉 사격장과 선수촌은 유네스코에 약속한 시점까지 철거할 계획
2008 9.15	국민일보	세계문화유산 추진 '조선왕릉 훼손심각'… 군부대 시설·사 격장·골프장 난립	

※ 자료: 언론재단 기사검색서비스 KINDS(http://www.kinds.or.kr)에서 발췌 요약·재정리

2) 참고 문헌

문화재청. 2011. 세계문화유산을 위한 유산영향평가 지침
문화재청. 2020. 세계유산영향평가 도입방안연구
박혜선. 2020. 유산영향평가의 국내 도입에 과한 연구: 공주 제2금강교 건립을 위한 유산영향평가 사례를 중심으로
조유진. 2015. 드레스덴 엘베계곡의 사례로 본 세계유산 보존 정책. 「문화재」, 48(2):96_109

조선왕릉 태강릉 보존을 위한 365일 기록

초   판 : 1쇄 발행 2023. 10

지 은 이 : 박환희

출판기획 : 이준순(사단법인 서울미래교육연구원)

디 자 인 : Pan.design

펴 낸 곳 : 팬디자인

출판등록 : 2018년 6월 20일(제2018-000071호)

주   소 : 서울시 중구 충무로 50-5 명성빌딩 201호

전   화 : 02)6713-2785

이 메 일 : pan.d@daum.net

인 스 타 : www.instagram.com/pan.design1

ISBN 979-11-964662-2-0

가격 : 20,000원

※ 잘못된 책은 교환해 드립니다.